《武汉旅游文化丛书》编委会

黄鹤楼诗词联文选

Huanghelou

shi ci lian wen xuan

《武汉旅游文化丛书》编委会

武汉出版社

(鄂)新登字 08 号

图书在版编目(CIP)数据

黄鹤楼诗词联文选/刘正国编选.—武汉:武汉出版社,2000
(武汉旅游文化丛书) ISBN 7-5430-2240-0
Ⅰ.黄… Ⅱ.刘… Ⅲ.①诗歌-作品集-中国
②词(文学)-作品集-中国 ③对联-作品集-中国
Ⅳ.I211

中国版本图书馆 CIP 数据核字(2000)第 70420 号

书　名:黄鹤楼诗词联文选

编　　选:刘正国
责任编辑:潘长胜　郑经发
封面绘画:卢延光
装帧设计:刘福珊
电子编务:马　波　王加信
出　版:武汉出版社
社　址:武汉市江汉区新华下路 103 号　　邮　编:430015
电　话:(027)85606403　85600625
印　刷:湖北新华印务有限公司　　经　销:新华书店
制　版:江松图文处理中心
开　本:787mm×1092mm　1/32
印　张:5　　字　数:80 千字　　插　页:2
版　次:2000 年 9 月第 1 版　　2003 年 10 月第 3 次印刷
印　数:14001-19000 册
ISBN 7-5430-2240-0/I·329
定　价:12.00 元

黄鹤楼

诗词联文选

目 录

诗

黄鹤楼

诗词联文选

HUANGHELOU
SHI CI LIAN WEN XUAN

黄鹤楼
诗词联文选

HUANGHELOU
SHI CI LIAN WEN XUAN

词

联

黄鹤楼
诗词联文选

HUANGHELOU
SHI CI LIAN WEN XUAN

黄鹤楼
诗词联文选

HUANGHELOU
SHI CI LIAN WEN XUAN

文

诗

〔南朝〕鲍 照 (约414—466)

字明远，东海郡(在今山东)人。南朝宋诗人。曾做过掌管文书、刑罚的小官。462年秋，作者往荆州经武昌登黄鹄矶写下了这首诗。诗中流露出他怀才不遇的心情。

登黄鹄矶[①]

木落江渡寒[②]，雁还风送秋[③]。
临流断商弦，瞰川悲棹讴[④]。
适郢无东辕，还夏有西浮[⑤]。
三崖隐丹磴，九派引沧流[⑥]。
泪竹感湘别，弄珠怀汉游[⑦]。
岂伊乐饵泰，得夺旅人忧[⑧]。

鲍 照

♣【注释】

①黄鹄矶，在武汉市武昌区。鹄(hú 胡)，即鹤。 ②

木落:树叶飘落。 ③此句写秋景。 ④瞰:从高处往下看。棹讴(zhào ōu 赵欧),船工行船时所唱的歌曲。 ⑤适:往,至。郢:荆州。辕,指车辆。这两句是说,由黄鹄矶西望,向东去的车子无法到达;如果要到夏水,船得往西航行。 ⑥三崖,指南京一带长江东岸的山,丹磴(dèng邓):山上红色石阶铺成的小径。九派,原指长江中游的九个支流:此处指长江。沧流:深青色的江水。这两句写东望的山水。 ⑦泪竹:据唐李冗《独异志》所载,帝舜到南方巡视,娥皇、女英二妃听说舜死在苍梧,于是泪洒湘竹,竹上呈现斑斑泪痕。弄珠:周朝时,郑交甫南游汉江,在汉水边台下遇见二女,二女将所佩之珠赠送给他。郑行数十步,视怀中之珠不见,回首二女也不知去向。这两句的意思是借神话,表达自己的遭际坎坷。 ⑧岂伊,意思是难道仅仅是。乐饵:音乐和饮食。泰:奢侈。得:可以,能够。夺:改变,排除。这两句的意思是说难道仅仅有美妙的音乐和丰盛的食品,就能消除旅人的忧愁吗?

〔唐〕 孟浩然 (约689—约740)

襄州襄阳(在今湖北)人。唐代著名诗人。这首诗写黄鹤楼头的景色和友情。

鹦鹉洲送王九之江左[①]

昔登江上黄鹤楼,遥爱江中鹦鹉洲。
洲势逶迤绕碧流[②],鸳鸯鸂鶒满滩头[③]。
滩头日落沙碛长[④],金沙熠熠动飙光[⑤]。

舟人牵锦缆，浣女结罗裳[⑥]。
月明全见芦花白，风起遥闻杜若香，
君行采采莫相忘[⑦]。

孟浩然詩集序

孟浩然襄陽人也骨貌淑清風神散朗救患釋紛以立義灌園藝圃以全高交游之中通悅傾蓋機警無匿學不攻儒務掇菁華文不按古匠心獨妙五言詩天下稱其盡善閑游祕省秋月新霽諸英聯詩次當浩然句曰微雲淡河漢疎雨滴梧桐舉座嗟其清絕咸以之擱筆不復爲綴丞相范陽張九齡侍御史京兆王維尚書侍郎河東裴朏范陽盧僎大理評事河東裴揔華陰太守滎陽鄭倩之太守河東獨孤册率與浩然爲忘形之交山南採訪使太守昌黎朝宗謂浩然閑深詩律寘諸周行必詠穆如之頌因入秦與偕行先揚于朝約日引謁

南宋初刻本《孟浩然集》

【注释】

①鹦鹉洲，洲名，原在今武汉市武昌区西南江中，后逐渐与汉阳陆地相连。因汉末文人祢衡在此写《鹦鹉赋》，死后又葬于此而得名。王九，为孟浩然同乡好友。之，去，到。江左即江东。 ②逶迤(wēi yí 威夷)：曲折。 ③㶉鶒(xī chì 希斥)：水鸟，比鸳鸯大。④沙碛(qì 气)：浅水中沙石。 ⑤飙(biāo 标)光：闪烁不定的光。⑥锦缆：用锦带编织的缆绳。浣女：洗衣妇人。罗裳，丝裙。 ⑦杜若：香草。采采：时时事事。

〔唐〕崔　颢 (694?—758)

汴州(在今河南开封)人。唐代著名诗人。唐玄宗开元十一年(723)进士,曾任司勋员外郎等职。这首诗约写于开元十五年(727)前后,也有人说写于作者的早年。本诗为千古传颂之作。

崔　颢

黄鹤楼

昔人已乘黄鹤去,此地空余黄鹤楼。
黄鹤一去不复返,白云千载空悠悠。
晴川历历汉阳树[①],芳草萋萋鹦鹉洲[②]。
日暮乡关何处是[③],烟波江上使人愁[④]。

♣【注释】

①晴川:晴日照耀下的江面。　②芳草:香草。萋萋,茂盛的样子。　③乡关:家乡,故乡。　④烟波:烟雾笼罩的长江波涛。

〔唐〕王维 (701—761或698—759)

字摩诘，祖籍祁(在今山西祁县)人，后其父举家迁蒲(在今山西永济县)。唐代著名诗人、画家。唐玄宗开元九年(721)进士擢第，曾任尚书右丞。

黄鹤楼送康太守①

城下沧江水②，江边黄鹤楼。
朱栏将粉堞，江水映悠悠③。
铙吹发夏江，使君居上头④。
郭门隐枫岸，候吏趋芦洲⑤。
何异临川郡，还劳康乐侯⑥。

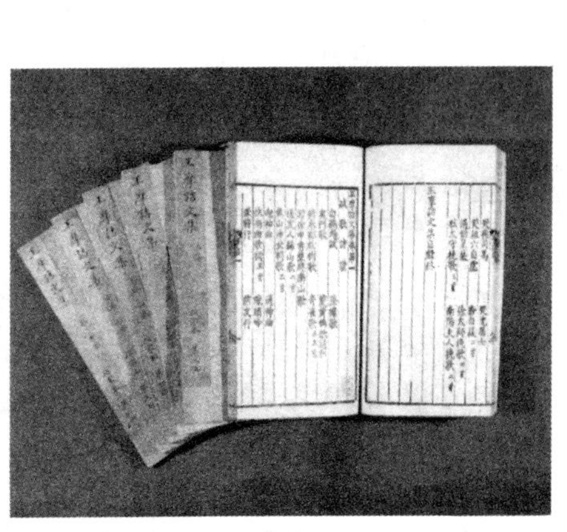

《王摩诘文集》宋代刻本

♣【注释】

①康太守，名字不详。太守为唐代州刺史的别称。②沧江：深青色的江水，指长江。③堞(dié蝶)：城墙上

王维作《雪溪图》

的矮墙。这两句是说,朱红的栏杆和粉白的城墙,被悠悠的江水所迭映。④铙(náo 挠):古代的打击乐器。夏江,即夏水。使君:汉州郡长官的尊称,这里指康太守。这两句是说,康太守已经上了船,鼓乐齐鸣正待开船。⑤郭门:城门。候吏,迎送宾客的官员。这两句是说,在江边枫林掩映的城门旁,等候在那里的官员们,纷纷走向芦苇洲头同康太守揖别。⑥临川:地名,今江西临川县以南。康乐侯,指东晋谢灵运,这里隐喻康太守。这两句是说,新的任所同临川差不多,祝愿康太守在仕途上顺利有为。

〔唐〕李 白 (701—762)

字太白,又号青莲居士。出生于中亚碎叶(在今吉尔吉斯斯坦),约5岁随父迁居绵州彰明(在今四川江油县)青莲乡。唐代伟大诗人。他一生只在京城长安任过不到两年的供奉翰林。这首诗约写于玄宗开元十六年(728),抒送别之情。

李 白

黄鹤楼送孟浩然之广陵①

故人西辞黄鹤楼②，烟花三月下扬州③。
孤帆远影碧空尽，惟见长江天际流④。

【注释】

①广陵：郡名，治所在今江苏扬州市。 ②故人：老朋友，指孟浩然。西辞：西向辞别。 ③烟花，形容春天繁花盛开的景象。 ④这两句是说，故人已扬帆远去，消失在碧空尽处，眼前只见一江春水悠悠向东流去。

送储邕之武昌①

黄鹤西楼月，长江万里情。
春风三十度，空忆武昌城。
送尔难为别，衔杯惜未倾②。
湖连张乐地③，山逐泛舟行④。
诺谓楚人重⑤，诗传谢朓清⑥。
《沧浪》吾有曲⑦，寄入棹歌声⑧。

【注释】

①储邕，作者的好友。之：到，往。 ②衔杯：饮酒。倾：竭尽，指开怀畅饮。 ③湖，指洞庭湖。张乐地：奏乐的地方，这句的意思是说，充满乐趣的武昌与洞庭湖相邻。 ④这句写船与山相对运动。 ⑤诺：允诺。楚人，指西楚霸王项羽的部将季布，此人重允诺，讲信用。 ⑥谢朓，李白喜爱的南朝齐诗人，字元晖。 ⑦沧浪，汉水支流，此处指《沧浪曲》。 ⑧棹歌，船歌。

与史郎中钦听黄鹤楼上吹笛①

一为迁客去长沙②，西望长安不见家③。
黄鹤楼中吹玉笛④，江城五月落梅花⑤。

♣【注释】

①郎中，官名。史钦，李白好友。此诗为历来传颂的名篇，诗中寄寓了作者怀才不遇、身世飘零的感情。　②迁客，被贬谪到外地的官员。这里自比汉代被贬到长沙的贾谊。　③李白家不在长安，这里“家”隐喻朝廷。　④玉笛，镶玉之笛。　⑤江城，指江夏(今武昌)。落梅花即古

代笛曲《梅花落(lào 涝)》。五月不是落梅的季节，但凄凉的笛声传来，江城好像落满了寒梅。

〔唐〕顾　况 (725—814)

字逋翁，晚年自号悲翁，姑苏（在今江苏苏州）人，也有说是海盐（今浙江）人。唐代诗人。唐肃宗至德二年(757)进士，任著作郎。

顾　况

黄鹤楼送独孤助①

故人西去黄鹤楼，西江之水天上流②，
黄鹄杳杳江悠悠③。
黄鹄徘徊故人别，离壶酒尽清丝绝④。
绿屿没余烟，白沙连晓月⑤。

【注释】

①独孤，复姓；助，人名。生平不详。　②西江：长江由西而东，也称西江。　③杳杳(yǎo 咬)：昏暗，深远，指看不见黄鹤踪影。悠悠，遥远。　④离壶：离别酒。清丝：清越优美的弦乐。　⑤屿：小岛。余烟，即残烟暮霭。这两句写二人，依依不舍，不知不觉，由黄昏而到了天将启明的时刻。

〔唐〕白居易 (772—846)

字乐天，号香山居士。下邽(guī 规，在今陕西渭南县)人。唐代著名的现实主义诗人。贞元十六年进士，历任杭州、苏州刺史，以刑部尚书结束政治生涯。此诗是元和十年(815)作者第一次登黄鹤楼所作。

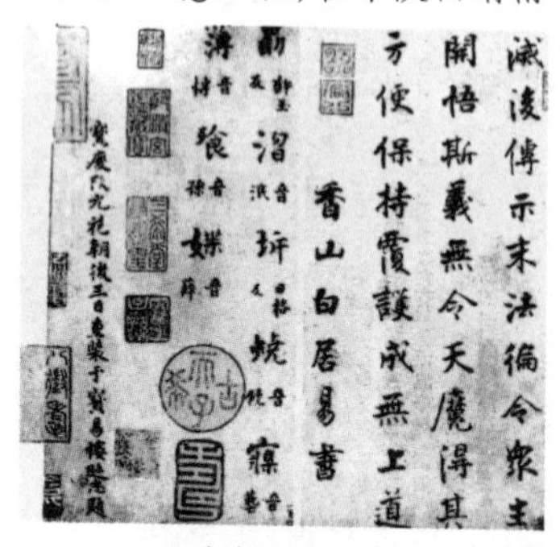

白居易墨迹

卢侍御与崔评事为予于黄鹤楼致宴，宴罢同望[1]

江边黄鹤古时楼，劳置华筵待我游[2]。
梦思渺茫云水冷[3]，商声清脆管弦秋[4]。
白花浪溅头陀寺[5]，红叶林笼鹦鹉洲[6]。
总是平生未行处[7]，醉来堪赏醒堪愁[8]。

白居易

♣【注释】

①卢侍御、崔评事：鄂州官员，生平不详。致宴：设宴。予：我。 ②华筵，丰盛华美的筵席。 ③楚思(sì 四)：痛苦的情怀。 ④商声：古人认为五音(宫、商、角、徵、羽)的商声应秋天。商声即秋声。秋

气不畅，商声即充满凄厉。 ⑤头陀寺：南朝宋时建在黄鹄山上的古刹。 ⑥红叶：枫叶。笼：笼罩。 ⑦总是：都是。 ⑧堪，实为不堪忍受。

〔唐〕 刘禹锡 (772—842)

字梦得，祖籍洛阳(在今河南洛阳市)，生于嘉兴(在今浙江嘉兴市)。唐代中期著名文学家。唐德宗九年(793)进士，任过监察御史、刺史等职。这首诗写于唐穆宗长庆四年(824)调任途中，表达了作者对武昌吹笛老人的喜爱。

武昌老人说笛歌

武昌老人七十余，手把庾令相问书[①]。
自言少小学吹笛，早事曹王曾赏激[②]。
往年镇戍到蕲州，楚山萧萧笛竹秋[③]。
当时买材恣搜索，典却身上乌貂裘[④]。
古苔苍苍封老节[⑤]，石上孤生饱风雪。
商声五音随指发[⑥]，水中龙应行云绝[⑦]。

曾将黄鹤楼上吹，一声占尽秋江月⑧。
如今老去语尤迟⑨，音韵高低耳不知⑩。
气力已微心尚在，时时一曲梦中吹。

♣【注释】

①庾令：指代镇武昌的东晋庾亮，这里借指武昌的地方长官。相问书，致以问候的书信。 ②赏激：极其赞赏。 ③楚山，此处指蕲州的山。萧萧：风吹竹叶的声音。笛竹：蕲州特产，竹膜是做笛膜的上等材料。蕲春所产竹笛声音特别嘹亮。 ④典却：抵押掉。乌貂裘：紫貂鼠皮做的衣服，很名贵。 ⑤封：覆盖，如冰封。老节：多年生的竹，做出的笛子声音美。 ⑥五音：也称五声，即古代五声音阶中的宫、商、角、徵(zhǐ 只)、羽五个音级。发：变化。 ⑦龙应：笛声引起龙的感应而鸣叫。行云绝，形容笛声嘹亮能遏止天上的行云。 ⑧占尽：全部据有，形容笛声很美。 ⑨语尤迟：连说话也很迟钝。 ⑩耳不知：指年老耳聋，听觉不聪。

〔唐〕贾 岛 (779—843)

字阆仙，唐代范阳(在今北京市附近)人，唐代诗人，做过主簿等小官。他的诗以苦吟著名，“推敲”的典故就是出于这位诗人。

贾 岛

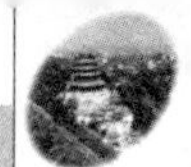

黄鹤楼

高槛危檐势若飞[①],孤云野水共依依。
青山万古长如旧[②],黄鹤何年去不归。
岸映西州城半出[③],烟生南浦树将微[④]。
定知羽客无因见[⑤],空使含情对落晖。

♣【注释】

①高槛(jiàn 见),指外廊栏杆。危檐:高翘的楼檐。②青山:蛇山。 ③西州(一作西川),此处指汉阳城。此句写汉阳的江岸映在水里,城郭若隐若现。 ④南浦,在武昌城临江处。树将微:树将消失变得模糊不清。 ⑤羽客:道士的别称。古人称成仙为羽化。此句是说,与仙人无缘相见。

〔唐〕杜 牧 (803—852)

字牧之,京兆万年(今陕西西安市)人。晚唐著名的诗人和散文家。唐文宗大和二年(828)进士,曾任黄州、湖州等地刺史。

杜牧墨迹

一

寄牛相公①

汉水横冲蜀浪分②,危楼点的拂孤云③。
六年仁政讴歌去④,柳绕春堤处处闻⑤。

♣【注释】

①牛相公：唐穆宗宰相牛僧儒,他曾任武昌节度使。相公,对宰相的尊称。 ②横冲：横流。蜀浪:长江浪。 ③的:古代妇女面庞上装饰的红点。点的指黄鹤楼装饰鲜明。 ④六年：牛僧儒任武昌节度使六年。 ⑤晋将陶侃代镇武昌时曾下令植柳，这句说牛僧儒的政绩也会像当年陶侃一样,四处传扬。

〔唐〕 **李群玉** (约808—862)

字文山,澧州(在今湖南澧县)人。唐代诗人。曾做过弘文馆校书郎之类的小官。

黄鹤楼

江上花楼灏气间①,满帘春色见群山。
青岚绿水将愁去②,深入吴云遂不还③。

♣【注释】

①灏气：即浩气，浩然的气势。 ②青岚：青色的山林雾气。将：送走，带去。③吴，指江浙一带。

〔唐〕李商隐 (812—858)

李商隐

字义山，号玉溪生，又号樊南生。祖籍怀州河内（在今河南沁阳）人。唐代著名抒情诗人。文宗开成二年（837）进士，曾任县尉、秘书郎等职。此诗作于唐宣宗大中二年（848）诗人将要离开东川返郑州时。

无　题

万里风波一叶舟，忆归初罢更夷犹①。
碧江地没元相引②，黄鹤沙边亦少留。
益德冤魂终报主③，阿童高义镇横秋④。
人生岂得长无谓⑤，怀古思乡共白头。

♣【注释】

①夷犹：犹豫不决。这句意思是，想北归的念头刚刚放下，但又犹豫起来。 ②碧江：指四川境内的涪江。没：尽。地没：地的尽头。元，通原，本来；引：吸引。这句意思是，那碧绿的江水尽头，本来就是吸引着他的地方。 ③益德：三国时蜀国名将张飞的字。刘备伐吴，他准备率兵万人出蜀，临出发时，其帐下部将张达、范疆将他杀死，拿着他的首级投奔东吴。 ④阿童：西晋名将王濬（jùn 俊）的

乳名。高义,道义高尚。镇,定。横秋:王大将军气势浩大充塞秋空。　⑤无所谓,没有什么。

〔宋〕张　咏 (946—1015)

字复之,自号乖崖,濮州鄄城(在今山东鄄城县)人。宋代官员。宋太宗太平兴国五年(980)进士,官至吏部尚书。

登黄鹤楼

重重轩槛与云平①,一度登临万念生。
黄鹤信移烟树老②,碧云魂乱晚风清③。
何年紫陌红尘息④,终日空江白浪生。
莫道安邦是高致⑤,此身终约在蓬瀛⑥。

♣【注释】

①轩槛:有窗槛的檐廊。　②信息:音讯改移。这句说神话中的黄鹤音讯杳然,年代已经久远,茂密的树木已经苍老。　③魂乱:心情烦乱。　④紫陌:帝都郊野的道路,这里指仕途。红尘:飞扬起来的尘土。这两句话说,哪年能摆脱官场的喧嚣,过那种淡泊自在的生活呢。　⑤高致:高尚的情趣。　⑥蓬瀛:传说中的海上仙山。

〔宋〕曾　巩 (1019—1083)

字子固,建昌南丰(在今江西南丰)人。宋朝著名

文学家。宋仁宗嘉祐二年（1057）进士，曾任史馆修撰、中书舍人等职。

汉阳泊舟

暂泊汉阳岸，不登黄鹤楼。
江含峨岷气[①]，万里正东流。
惊风孤雁起[②]，蔽日寒云浮。
祗役虽远道[③]，放怀正薄游[④]。
兴随沧洲发，事等渔樵幽[⑤]。
烟波一樽酒，尽室带扁舟[⑥]。

【注释】

①峨岷：峨眉山和岷江。　②惊风：疾风。　③祗（zhī 支）役：恭敬地在任上供职。　④薄游：漫游。　⑤事：乐事。渔樵幽：渔夫、打柴人般的幽闲。　⑥尽室：全家。扁（piān 篇）舟：小船。

〔宋〕苏轼 (1036—1101)

字子瞻，号东坡居士，眉山(在今四川)人。宋代大文学家、书画家。宋仁宗嘉祐二年(1057)进士。曾任杭州、徐州、扬州等地的知州，在朝中任过翰林学士、礼部尚书等职。此诗嘲讽想成仙又贪图富贵的人。

李公择求黄鹤楼诗，因记旧所闻于冯当世者[①]

黄鹤楼前月满川，抱关老卒饥无眠[②]。
夜闻三人笑语言，羽衣著屐响空山[③]。
非鬼非人意其仙，石扉三扣声清圆[④]。
洞中铿鋐落门关[⑤]，缥缈入石如飞烟[⑥]。
鸡鸣月落风驭还[⑦]，迎拜稽首愿执鞭[⑧]。
汝非其人骨腥膻[⑨]，黄金乞得重莫肩[⑩]。
持归包裹敝席毡[⑪]，夜穿茅屋光射天。
里闾来观已变迁[⑫]，似石非石铅非铅!
或取而有众愤喧，讼归有司今几年[⑬]?
无功暴得喜欲颠，神人戏汝真可怜。
愿君为考然不然[⑭]?此语可信冯公传[⑮]。

♣【注释】

①李公择，名常，作者好友；冯当世，名京，江夏人。此诗根据冯口述的故事而写。　②抱关老卒：守城的老兵。　③羽衣：道士穿的用羽毛装饰的衣服。屐：古代木底鞋。　④石扉：石门。扣，敲击。　⑤铿鋐(kēng hóng 坑

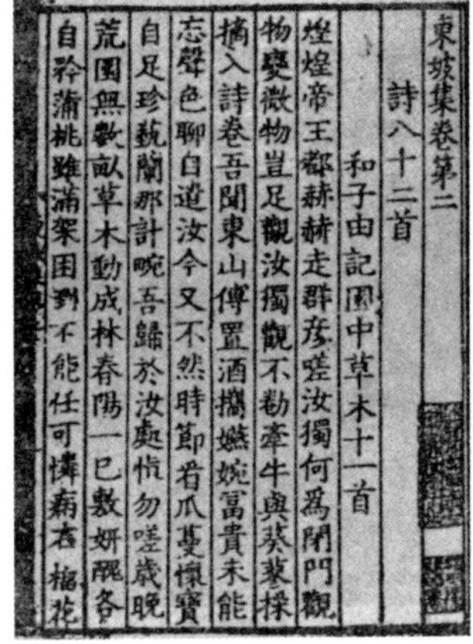

東坡集卷第二
詩八十二首
和子由記園中草木十一首
煌煌帝王都赫赫走群彥嗟汝獨何爲閉門觀
物變微物豈足觀汝獨觀不勸牽牛與葵蓼採
摘入詩卷吾聞東山傅置酒攜嬿婉富貴未能
忘聲色聊自遣汝今又不然時節看瓜蔓懷寶
自足珍藝蘭那計畹吾歸於汝處慎勿嗟歲晚
荒園無數畝草木動成林春陽一已敷妍醜各
自矜蒲桃雖滿架囷剉不能任可憐病石榴花

《东坡集》宋代刻本

宏），金属撞击声。落门关，落锁关门。 ⑥缥缈：隐隐约约的样子。 ⑦风驭：驾风。 ⑧执鞭：驾驭车马，意思是为人效劳。 ⑨骨腥膻(xíng shān 星山)：骨子里含有腥味，不能成仙。 ⑩重莫肩：重得背不动。 ⑪敝席毡：破旧的席毯。 ⑫里闾(lǘ 驴)：乡里邻居。 ⑬或，指某人。取：窃取。有司：当地官府。这句是说，邻里中有人告发老兵确有黄金，而且是偷来的。于是众人愤怒得吵吵嚷嚷，将老兵告到官府，这事已有几年了。 ⑭君，指李公择。 ⑮冯公，指冯当世。这两句是说，这个故事是从冯当世那里传来的，请你考究核实一下，是不是这回事。

〔宋〕 苏 辙 (1039—1112)

字子由，号颖滨遗老，眉山(在今四川)人，宋代著名文学家。宋仁宗嘉祐二年(1057)与其兄苏轼同登进士，官至尚书右丞(副相)。此诗通过写黄鹤楼的景色来宽慰被贬的李公择。

赋黄鹤楼赠李公择，公择时知鄂州

前年见君河之浦[①]，东风吹河沙如雾。
北潭杨柳强知春[②]，樽酒相携终日语。
君家东南风气清，谪官河壖不称情[③]。
一麾夏口亦何有[④]？高楼黄鹤慰平生。
荆江洞庭春浪起[⑤]，汉沔初来入江水[⑥]；
岸头南北不相知，惟见风涛涌天地。
巫峡潇湘万里船，中流鼓楫[⑦]四茫然。
高城枕山望如带，华榱照日光流渊[⑧]。
楼上骚人多古意[⑨]，坐忘朝市无躬事[⑩]。
谁道武昌岸下鱼，不如建业城边水[⑪]？

♣【注释】

①浦，黄河水滨。河之浦，指滑州(今河南滑县)。

②强（qiǎng 抢）勉强。说北方春天来得迟，杨柳迟迟发芽。

③谪官：降职。河壖(ruán 软阳平)：河边空地。称（chéng 趁）情：合乎情感的要求。 ④一麾夏口，即指李公择被免除京官

到鄂州任职。 ⑤荆江：自湖北枝江至湖南岳阳的江段。 ⑥汉沔：即汉水。 ⑦鼓楫：敲击船桨（唱歌）。 ⑧榱（cuī 催）：放在檩上架屋瓦的木条，即椽子。华榱，装饰华丽的黄鹤楼。渊，深潭。 ⑨骚人：诗人，也指忧愁失意的文人。古意：古代纯朴无为的风气。 ⑩朝市：朝廷与街市，这里指功名利禄。无躬事：没有什么操心的琐事。这两句是说，楼上游人都能像古人那样忘掉凡人小事。 ⑪这句说武昌（鱼）比建业（水）要好。

〔宋〕 黄庭坚 （1045—1105）

字鲁直，自号山谷道人，晚年改号涪翁。洪州分宁（在今江西修水）人。北宋著名诗人和书法家。治平进士，曾做过著作佐郎。

鄂州南楼即事（四首选一）①

四顾山光接水光，凭栏十里芰荷香②。
清风明月无人管③，并作南楼一味凉④。

黄庭坚手迹石刻

♣【注释】

①南楼:黄鹤楼旁一座相关景点。即事:当前的事物。 ②凭栏,靠着栏杆。芰(jì 技)荷,出水的荷叶或荷花。 ③无人管:任其自然。 ④一味:别有趣味。

〔宋〕 王十朋 (1112—1171)

字龟龄,温州乐清(在今浙江乐清)人。南宋著名的爱国学者。宋高宗绍兴二十七年(1157)进士第一,官至龙图阁学士。

黄鹤楼

云锁吕公洞[①],月明黄鹤楼。
抱关非老卒,谁见羽衣游[②]。

♣【注释】

①吕公洞:黄鹤楼附近有一山洞,传说吕岩(洞宾)在此歇息并有题诗,故称吕公洞。 ②抱关,守关。这两句是说,守城的已不是当年的老卒了,还有谁见过羽衣仙人出洞闲游呢?

〔宋〕 陆 游 (1125—1210)

字务观,自号放翁,越州山阴(在今浙江绍兴)人。南宋杰出的爱国主义诗人。曾中进士,并名在前列,因触怒权臣秦桧被除名。曾任知州、礼部郎中等职。他46岁曾过武昌,此诗是他54岁重过武昌时作。

南　楼

十年不把武昌酒[①]，此日阑边感慨深[②]。
舟楫纷纷南复北[③]，山川莽莽古犹今。
登临壮士兴怀地，忠义孤臣许国心。
倚杖黯然斜照晚，秦吴万里入长吟[④]。

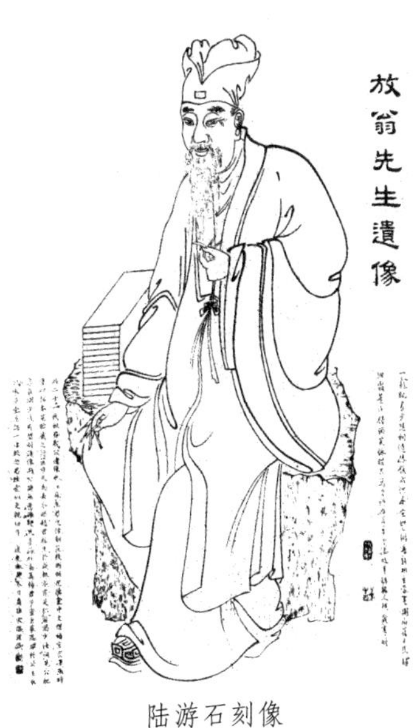

陆游石刻像

【注释】

①把酒：手持酒杯，意为饮酒。②阑：阑干。③舟楫：指船只。④秦吴：秦地和吴地。长吟：长时间吟咏。这句说吟诗时，国事立刻汇聚心头。

下面这首诗写于淳熙五年(1178)从四川顺江而下重游此地时。此时，黄鹤楼早已毁而不存，作者借这座历史名楼抒怀。

黄鹤楼

手把仙人绿玉枝[①]，吾行忽及早秋期[②]。

苍龙阙角归何晚[3]，黄鹤楼中醉不知。
江汉交流波渺渺[4]，晋唐遗迹草离离[5]。
平生最喜听长笛，裂石穿云何处吹[6]？

♣【注释】

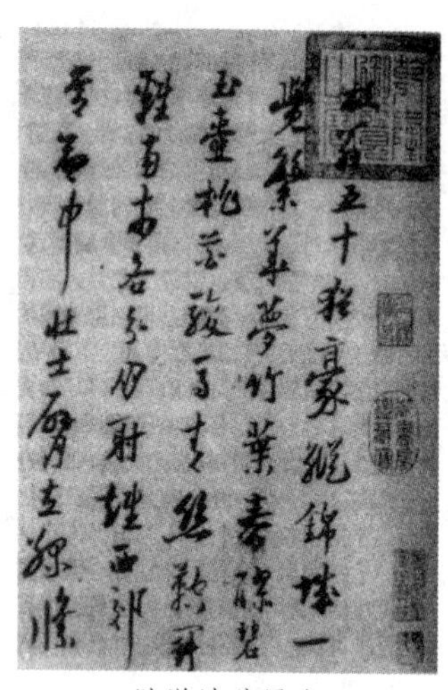
陆游诗稿墨迹

①仙人：指黄鹤楼传说中的子安、费祎。②早秋期，指作者已开始进入晚年，此时作者已54岁。此句是说，这次重游武昌，忽然感到自己已渐入老境。③苍龙，东方七宿的合称。阙：宫阙。阙角，宫殿上的屋角。苍龙阙角：星宿照过宫殿之角。归何晚，归去家乡时间太晚。④交：汉水在这里汇入长江。⑤离离，形容野草长得很繁茂。⑥裂石穿云，形容笛声高昂激越。何处吹，意思是报国之志怎么能实现呢？

〔宋〕 范成大 (1126—1193)

字致能，号石湖居士，吴县（在今江苏苏州市）人，南宋著名诗人。绍兴二十四年(1154)进士。曾任安抚使、制置使、资政殿学士等职。此诗作于淳熙四年(1177)中秋节，写黄鹤楼及江上景色的同时，也流露出对官场生活的感叹。

鄂州南楼

谁将玉笛弄中秋，黄鹤飞来识旧游。
汉树有情横北渚①，蜀江无语抱南楼②。
烛天灯火三更市③，摇月旌旗万里舟④。
却笑鲈乡垂钓手⑤，武昌鱼好便淹留⑥。

范成大

【注释】

①汉树，指汉阳一带的树木。渚：水中小洲。北渚，指汉阳附近江中小洲。 ②蜀江，指长江。抱：环绕。 ③烛天：灯火映照天空。 ④摇月：搅得江里月光浮动。 ⑤鲈乡，指出产鲈鱼的吴郡。垂钓手，指作者自己。 ⑥淹留：停留。武昌鱼胜过故乡的鲈鱼，这里是可以久留之地。这句的意思是作者想结束仕宦生涯。

〔宋〕 戴复古 （约公元1198年前后在世）

字式之，自号石屏。天台黄岩（在今浙江）人。南宋诗人。

鄂渚烟波亭①

倚遍南楼更鹤楼②，小亭潇洒最宜秋。
接天烟浪来三峡，隔岸楼台又一州③。
豪杰不生机事息④，古今无尽大江流。
凭栏日暮怀乡国，崔颢诗中旧日愁。

♣【注释】

①烟波亭：黄鹤楼附近的一个亭子。

②更：又，再。

③又一州，即汉阳。对岸的汉阳属沔州。

④豪杰，指一些玩弄权术的政客，此处是反语。机事，用心机的事。此句的意思是，没有南宋投降派玩弄权术，那些是非就会消失。

〔宋〕卢挚 (1235?—1315?)

字处道、莘老，号疏斋、嵩翁，涿郡(在今河北涿县)人。元初官员、文学家。至元五年(1268)进士，曾任少中大夫、河南路总管等职。

送赵左丞之湖广省(二首选一)[1]

十年关陇得春遍[2],户有城南尺五天[3]。
昨夜台躔照吴楚[4],梦中黄鹤亦欣然[5]。

♣【注释】

①左丞:官名;赵左丞,生平不详。之:到,往。湖广省,即今两湖两广地区。 ②得春遍:受到朝廷的恩泽,在关陇地区担任要职。 ③城南,指豪门居住的地方。"尺天五":离皇帝很近。 ④台:三台星,借指赵左丞。躔(chán缠):运行。赵左丞像星辰照到湖广地区。 ⑤这句的意思是:梦中可以想见黄鹤对赵左丞的到来一定会感到欢欣。

〔宋〕陈 孚 (1240—1303)

字刚中,号笏斋,台州临海(在今浙江)人。元初诗人。曾任上蔡书院山长、翰林国史院编修等。

登黄鹤楼

黄鹤楼前木叶黄,白云飞尽岸茫茫。
橹声摇月归巫峡,灯影随潮过汉阳。
庾令有尘污汗简[1],祢生无土盖文章[2]。
阑干空有当年柳,留于行人说武昌[3]。

♣【注释】

①庾令,东晋庾亮曾拥重兵镇武昌。丞相王导很害怕

他，每当西风起，就以扇遮面说“元远（庾亮的字）尘污人。”意思是庾亮官高气焰逼人。汗简：经火烧烤过的竹简，古人在上写字，即为书册，这里指历史。　②祢生，即祢衡。三国时才士，恃才傲物，不为权势所容，后被江夏太守黄祖所杀，死后葬鹦鹉洲。无土，无处容身。祢被江夏太守所杀，空有文章传世。　③武昌，指晋镇守武昌的陶侃。他命兵士在武昌到处植柳。说武昌：评说陶侃植柳的政绩。

〔元〕揭傒斯 （1274—1344）

字曼硕，龙兴富州（在今江西丰城县）人。元代著名文学家、史学家。曾任翰林国史院编修。

梦武昌

黄鹤楼前鹦鹉洲，梦中浑似昔时游[1]。
苍山斜入三湘路[2]，落日平铺七泽流[3]。
鼓角沉雄遥动地[4]，帆樯高下乱维舟[5]。
故人虽在多分散，独向南池看白鸥[6]。

♣【注释】

①浑：简直、几乎。

②三湘：指湖南地区。　③七泽：指古时楚地湖泊。　④鼓角：战鼓和号角。沉雄：声音深沉雄壮。　⑤帆樯：帆桅，桅杆。维舟：用缆

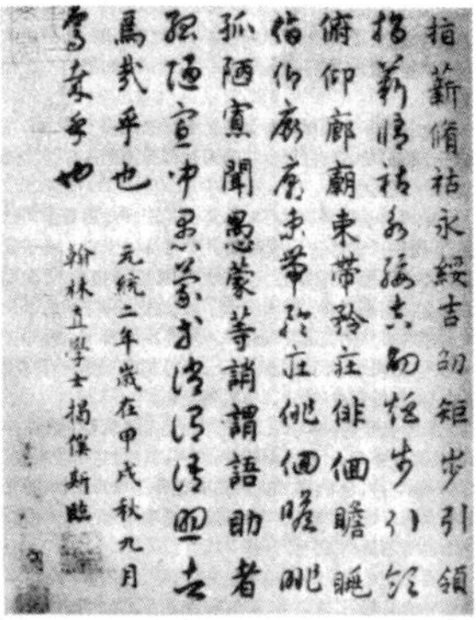

揭傒斯墨迹

Huanghelou

绳系在一起的船。 ⑥南池:即南苑,皇帝游猎游乐的地方。

〔元〕 萨都剌 (约1272—约1355)

萨都剌

字天锡,号直斋,雁门(在今山西)人,回族(一说蒙族),元代诗人。泰定四年(1327)进士,任闽海宪司知事等职。他是我国少数民族中写汉诗成就较高的诗人。

大别山①

落日在平地,苍茫吴楚秋。
人随孤鹤远,天共九江流②。
风物吞淮海,楼船下鄂州。
凭高一登眺,不尽古今愁。

【注释】

①大别山,指龟山。 ②九江,指长江的九个支流。

〔元〕丁鹤年 (1335—1424)

字永庚，自号友鹤山人，生于武昌（在今湖北鄂州）。回族，元末明初诗人。

黄鹤楼用崔颢韵[①]

西风黄鹤旧矶头，皓月中分此夕秋。
乌鹊无依频绕树，鱼龙有喜竞乘流[②]。
烟云尽卷天逾大，河汉低垂地欲浮。
拟买桂花陪胜赏[③]，老来佳句恐难酬[④]。

♣【注释】

①用韵，以诗唱和的一种方式。用崔颢韵：用崔颢《黄鹤楼》诗同一韵。　②鱼龙句：鱼龙，常借指杰出的或有大志的人物。　③桂花：桂花酒。打算买酒揽胜赏月。　④老来：人老了，恐怕写不出好诗来了。

〔明〕杨　基 (1326—1387)

字孟载，号眉庵，原籍嘉州（在今四川乐山），生于江苏吴县（在今江苏苏州）。元末明初著名诗人。曾做过山西按察使。

黄鹤楼看雪

黄鹤楼前水平岸，春雪当空舞撩乱。
东风知有客登楼，助以琼瑶作奇观[①]。

昔人黄鹤去不回,我骑白凤横江来。
遥看历历汉阳树,一色尽是梨花开[②]。
人间何处称奇绝,百尺栏干满江雪。
气压滕王阁上云,兴高庾亮楼中月[③]。
瀛洲咫尺非难到[④],鹤背琪花落纱帽[⑤]。
载酒谁能问谪仙[⑥],题诗未必无崔颢。
江上得此清无敌,顷刻银蟾荡瑶碧[⑦]。
更着仙人紫衣裘,卧听吕岩吹铁笛[⑧]。

杨基墨迹

♣【注释】

①琼瑶:美玉,指雪。　②梨花:喻雪花。　③滕王阁,在江西南昌。庾亮楼,即南楼。　④瀛洲:传说中仙山。　⑤琪花:仙境中的花草。 纱帽,乌纱帽,指官员。

⑥载酒:饮酒。谪仙,指李白。　⑦银蟾:月亮的代称。瑶碧:绿色的美玉,形容夜空澄碧。　⑧吕岩,传说中的仙人吕洞宾,他常吹奏铁笛。

〔明〕 沈 周 (1427—1509)

字启南，号石田，又号白石翁，长洲(在今江苏吴县)人。明代著名书画家。

黄鹤楼

昔闻崔颢题诗处，今日始登黄鹤楼。
黄鹤已随人去远，楚江依旧水东流①。
照人惟有古今月，极目空余天地秋。
借问吕翁旧时笛②，不知吹破几番愁。

【注释】

①楚江，指长江。 ②借问：请问。吕翁，吕洞宾，传说他吹笛过黄鹤楼。

沈周墨迹

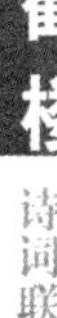

〔明〕王守仁 (1472—1528)

幼名云，五岁改名守仁，字伯安，余姚(在今浙江余姚)人，世称阳明先生，亦称王阳明。中国古代著名的哲学家、教育家。明孝宗弘治十二年(1499)进士，曾任刑、兵部主事。此诗写梦游和对仙境的向往。

梦游黄鹤楼，奉答凤山院长①

扁舟随地成淹泊②，夜向矶头梦黄鹤。
黄鹤之楼高入云，下临风雨翔寥廓③。
长江东来开禹凿④，巫峡天边一丝络⑤。
春阴水阔洞庭野，斜日帆收汉阳阁。
参差遥见九嶷峰⑥，中有巀嶭重华宫⑦。
苍梧云接黄陵雨⑧，千年尚觉精诚通。
忽闻孤雁叫湖水，月明铁笛横天风。
丹霞闪映双玉童，醉拥白发非仙翁。
仙翁呼我金闺彦⑨，尔骨癯然仙已半⑩；
胡为尚局风尘中，不屑刀圭生羽翰⑪。
觉来枕簟失烟霞，江上清风人不见。
故人仗钺镇湖襄⑫，几岁书来思会面。
公余登眺赋词葩⑬，醉墨频劳写湘练⑭。
写情投报愧琼瑶⑮，皓皓秋阳濯江汉⑯。

【注释】

①奉答：客气地唱和他人的诗韵写诗。凤山院长，指与作者同代的秦金。　②淹：滞留。　③翔寥廓：形容楼的飞檐伸向天空，气势飞动。　④传说夏禹开凿了三峡，

禹凿，即开凿大山。 ⑤丝络:像丝一样接连不断。 ⑥九嶷峰:在湖南。 ⑦巀嶪(jié yè 截业)，山峰高峻。重华宫指九嶷山上的舜庙。 ⑧苍梧，即九嶷山。黄陵，山名，在湖南湘阴县北。 ⑨金闺彦:金榜题名的才士。

⑩癯(qú 渠)然，瘦弱的样子。 ⑪不屑，轻视。刀圭，此处指炼丹药。羽翰，羽毛。生羽翰，指羽化飞升。 ⑫故人，旧友，此指秦金。仗钺:持着仪仗用的大斧。这句是形容秦的威仪。湖襄，代指湖广。 ⑬葩(pā 趴):草木的花，词葩，词藻华丽。 ⑭湘练:湖南出产的白色熟绢。 ⑮写(xiè 卸)，宣泄，抒发。琼瑶，美玉，此指秦金的赠诗。⑯皓皓，洁白光明貌。濯(zhúo 酌)，指阳光照耀。

〔明〕 李梦阳 (1475—1531)

字天锡，又字献吉，号空同子。庆阳(在今甘肃庆阳)人。明代著名文学家。明孝宗弘治六年(1493)进士。曾任户部郎中、江西提学副使等职。

夏口夜泊别友人[①]

黄鹤楼前日欲低，汉阳城树乱乌啼[②]。
孤舟夜泊东游客[③]，恨煞长江不向西。

♣【注释】

①夏口，今武昌。　②乌：乌鸦。　③东游客：往东去的游客，指作者自己。

〔明〕杨　慎 (1488—1559)

字用修，号升庵，新都（在今四川新都）人。明代著名文学家。明武宗正德六年(1511)举进士第一，曾任翰林院编修。

登黄鹤楼

江上危楼海内名，登临不尽古今情。
风前估客蒲帆影[①]，夜半仙人玉笛声[②]。
春水雪消巴子国[③]，烟波晴接汉阳城。
东南暇日多嘉会，笑指浮云望太清[④]。

♣【注释】

①估客：商贩。蒲帆：用蒲草编的船帆，此处代指船。　②仙人，指吕洞宾，相传他曾在黄鹤楼上吹玉笛。　③巴子国：位于川东、鄂西，作者的故乡巴蜀地区。　④浮云：天上的流云，实指小人、恶势力。太

清：天空，实指皇帝的英明德行。

〔明〕 张居正 (1525—1582)

字叔大，号太岳，湖广江陵（在今湖北江陵）人，明代著名政治家。明世宗嘉靖二十六年(1547)进士，曾任礼部尚书、武英殿大学士、首辅(宰相)。

望黄鹤楼

枫霜芦雪净江烟①，锦石游鳞清可怜②。
贾客帆樯云里见③，仙人楼阁镜中悬④。
九秋槎影横清汉⑤，一笛梅花落远天。
无限沧洲渔父意⑥，夜深高咏独鸣舷⑦。

♣【注释】

①枫霜：经霜的枫叶；芦雪：芦花像雪一样。 ②锦石：有花纹的美石。怜：可爱。 ③贾客：商人。 ④镜中：指天空。 ⑤九秋：秋天有 90 天，槎（chá 查），木筏。 ⑥沧洲：古代常指隐士所住的地方。渔父，指以打鱼为主的隐士。 ⑦鸣舷：敲打船舷，应着歌咏的节奏。

〔明〕 王世贞 (1526—1590)

字元美，自号凤洲，太仓(在今江苏太仓)人。明代著名文学家、史学家。明世宗嘉靖二十年(1541)进士。曾任刑部尚书。

登黄鹤楼

缥缈高凭崔氏楼[①]，依微西眺祢生洲[②]。
天容孤鹤排空上[③]，水合双龙抱郡流[④]。
一代真成春雪偈[⑤]，千年谁识岁星愁[⑥]。
老夫聊玩人间世，任遣浮云黯不收[⑦]。

♣【注释】

①崔氏楼，指黄鹤楼，因崔颢写有《黄鹤楼》这首被南宋严羽推为“七律第一”的诗，故称。 ②依微：隐约不清。祢生洲，指鹦鹉洲。 ③容：接纳。排空：升空而上。 ④双龙：长江、汉水。 ⑤春雪：楚国高级乐曲《阳春白雪》的代称。偈：指唱词。这句说崔颢的诗犹如阳春白雪，千古绝唱。 ⑥岁星：比喻怀才不遇的祢衡。 ⑦遣：教，使。浮云，暗指奸相严嵩。黯：深黑。这句意思是奸相严嵩当道。

王世贞的涵星砚

〔明〕袁宏道 (1568—1610)

字中郎，号石公，公安(在今湖北公安西北)人。明朝著名文学家。万历二十年(1592)进士，曾任礼部主事等。

偕王章甫、陈公弼登黄鹤楼，时章甫子宜卿及儿子二仲皆从[1](二首选一)

江流千顷蹙云烟[2]，楼阁虽高不似前。
画板朱檐遮取尽[3]，争教容纳好山川。

♣【注释】

①王章甫、陈公弼均为作者友人。二仲，作者儿子彭年。②蹙(cù 促)：接近。　③遮取，遮着。

〔明〕袁中道 (1570—1623)

字小修，湖广公安(在今湖北公安西北)人，袁宏道之弟。明代文学家。明神宗万历四十五年(1617)进士，曾任吏部郎中。

黄鹤楼

登临绝主客，清寂倍堪留[1]。
水国无多地，江声益壮秋。
青山孤绕郭，芳草尽潜洲[2]。
楚稔关天下[3]，民鱼亦可忧[4]。

♣【注释】

①绝主客：黄鹤楼上的客人都已散尽。绝，尽。 ②潜洲：指正在缓慢沉没的古鹦鹉洲。 ③稔（rěn 忍）：谷物成熟，丰收。两湖丰收关系天下。 ④民鱼：民众为鱼所食，指大水给人民造成的灾难。

〔明〕张献忠 (1606—1646)

字秉吾，号敬轩，延安柳树涧（在今陕西定边东）人。明末著名农民起义军领袖。

题黄鹤楼

滚滚江流去不还，隔断龟蛇不相攀。
龟山就譬比李闯[1]，咱老子站在蛇山。

♣【注释】

①李闯：闯王李自成。这句话说李闯王好像龟山一样。

〔清〕刘子壮 (1609—1652)

字克猷，号稚川，湖北黄冈人。清代著名学者，清顺治六年(1649)进士，定为清代第一状元。曾任翰林院修撰。

黄鹤楼

晴川与黄鹤，气势遥纵横[①]。
静见水声合，空疑山势争[②]。
三洲秋色远[③]，万树舞风清。
帆影中流处[④]，遥遥江汉情[⑤]。

♣【注释】

①纵横，这里是奔放的意思。 ②这两句是：长江汉水交汇时发出的声音在静静的夜里传入耳内，对峙的龟蛇二山好像在这里竞渡。 ③三洲：江中许许多多的沙洲。 ④中流：水中激流。 ⑤江汉情：故乡情。

〔清〕 吴伟业 (1609—1671)

字骏公，号梅村，太仓（在今江苏）人，清初诗人。明崇祯进士，曾任编修。

送李友梅还楚，寄题其所居爱吾庐，友梅慕陶，故诗以纪之①

寒雪满浔阳②，江程入梦乡。
滩逢黄鹄怒③，岭界白云长④。
十里鱼虾市，千头橘柚庄。
归人贳村酒⑤，仿佛是柴桑⑥。

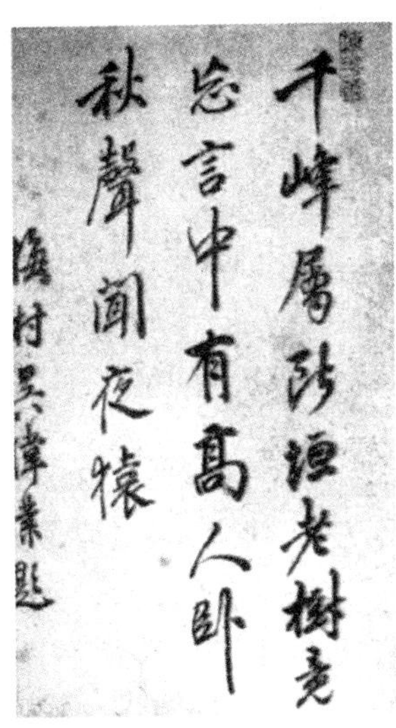

吴伟业书法

【注释】

①李友梅：作者友人，居大冶。还楚：回大冶。爱吾庐：

李所居室名。慕陶:敬仰大诗人陶渊明。 ②浔江:九江一带的长江。 ③怒:气势强盛。 ④界:相连。 ⑤贳(shì 世):赊欠。 ⑥柴桑:地名。在今九江西南,是陶潜的故乡。

吴伟业画

〔清〕 李 渔 (1611—约 1679)

字笠翁,号笠鸿,别号伊园主人、随庵主人等。浙江兰溪(在今浙江)人。清代著名文学家、戏剧家。

抵汉口十日,目疾未遇,不获即登黄鹤楼[1]

十日汉口客,一生黄鹤楼[2]。
行踪犹未定,卧榻尚淹留[3]。

词赋撄天忌④，神仙怪梦游。
不知登眺日，何从慰双眸。

♣【注释】

①不获：对自己的贱称，相当于"在下"。 ②这句的意思是：终生钟情黄鹤楼。 ③淹留：停留。 ④撄(yīng 英)：接触。天忌：彩虹的别称。

〔清〕朱彝尊 (1629—1709)

字锡鬯 (chàng 唱)，号竹垞 (tuó 驼)，浙江秀山 (在今浙江嘉兴)人。清代著名文学家。康熙时举博学鸿词科，曾任翰林院检讨。

朱彝尊墨迹

朱彝尊

闻鹤楼成，赋寄楚中一二知己

平生未鼓湘江柁①，万里投诗黄鹤楼。

壮观百年今在眼，异时独上迥含愁[2]。
碧窗下涌樊山月[3]，红叶斜连鄂渚秋。
为报故人多酿酒，飞筵真作汉南游[4]。

♣【注释】

①鼓：摇动。柁：指木船。　②迥：很，非常。　③樊山：西山，在今湖北鄂州。　④飞筵：在高处设宴。汉南，指汉阳。此句说，总有一天要真的登楼设宴。

〔清〕熊赐履 (1635—1709)

字修敬，湖北孝感人，清代学者。顺治十五年(1658)进士，曾任礼部尚书。

黄鹤楼

胜迹争传黄鹤楼，沙场灰劫几经秋[1]。
鱼龙出没千峰乱，烟雨迷离一水收。
芳草至今连郢树[2]，西风何处问芦洲[3]。
云山隐隐客岑寂[4]，泪尽寒江未肯流[5]。

♣【注释】

①这句说黄鹤楼多次毁于战火。　②郢树：武昌一带的树木。　③芦洲：鹦鹉洲，早已被江水淹没。　④岑寂：寂寞。　⑤思念家乡泪已流尽，冰冷的江水也不肯流动。

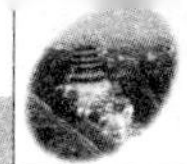

〔清〕元济 (1642—约1718)

俗姓朱,名苦极。字石涛,又号苦瓜和尚,广西全州人。清代著名画家。

登黄鹤楼

黄鹤楼高不可登,楚哀湘怨思难胜[①]。
黄鹤翩跹杳何处[②],楼高惆怅江流去。
江流滚滚绕山腰,大别岧峣秋气高[③]。
万家废井迷眼树,夹岸征尘卷暮涛。
风高万顷来云梦,叠叠群峦岌摇动[④]。
飞帆忽蔽夕阳来,惊峰遥起骚人恸[⑤]。
劝君吊古漫沾衣,劝君怀仙早息机[⑥]。
黄鹤楼高登不得,羁心一片忆将归[⑦]。

♣【注释】

①这句写作者失去家园的哀怨。作者是明朝藩王之子,明朝灭亡,愁思难以忍受。 ②翩跹:飞翔的样子。 ③岧峣(tiáo yáo 条尧):形容山高。 ④岌:山势高峻。 ⑤恸:(tòng 痛)非常悲哀,大哭。 ⑥息机:摆脱世务,停止活动。 ⑦羁心:旅居的心。

〔清〕孔尚任 (1648—1718)

字聘之，又字季重，号东塘，又号云亭山人，兖州曲阜(在今山东西阜)人，孔子的六十四代孙。清代著名的戏剧家和诗人。曾任国子监博士。

来鹤亭陈子文新书额在黄鹤楼[1]

卖酒旗边骑鹤去[2]，更无消息到江楼。
翩翩来鹤何年梦，应似东坡月夜舟。

【注释】

①来鹤亭，在黄鹤楼附近。陈子文，作者友人。书额，书写匾额。　②卖酒旗：旧时酒店招引顾客的旗帜。

孔尚任墨迹

〔清〕沈德潜 (1673—1769)

字确士，号归愚。江苏长兴(今江苏吴县)人。清代著名诗论家和诗人。乾隆五年(1727)进士，曾任内阁学士兼礼部侍郎。

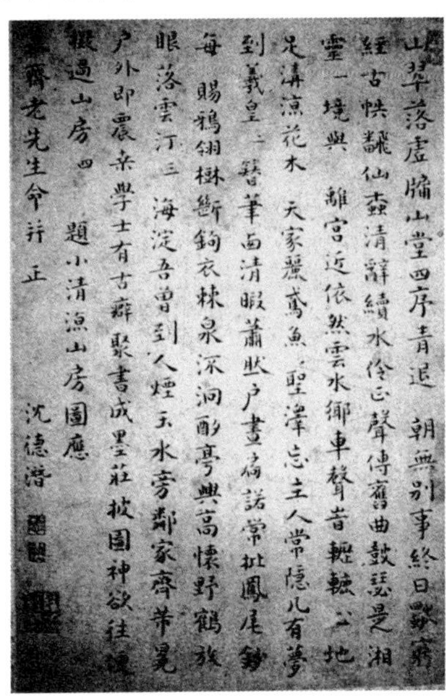

沈德潜墨迹

黄鹤楼

鹤去楼空事渺茫，楚云漠漠树苍苍①。
月堤酒酌三杯晓②，江水清流万古长。
不遇谪仙吹玉笛③，曾闻狂客坐胡床④。
登临此地怀京国⑤，也似金台望故乡⑥。

♣【注释】

①楚云:黄鹤楼上空的云彩。漠漠:弥漫的状态。苍苍:茂盛。　②月堤:月光下的江堤。　③谪仙:唐贺知章称李白为谪仙人。　④狂客:狂放不羁的人,指东晋庾亮。他曾月夜登楼,坐在胡床上与部下咏谑。　⑤京国:国都,指朝廷。　⑥金台:战国燕昭王在河北易县筑台置千金于其上。

〔清〕 刘大櫆 (1697—1780)

字才甫,又字耕南,号海峰,安徽桐城人。清代著名文学家。一生教书。

登黄鹤楼

飘零踪迹来西楚,黄鹄山头俯大荒[1]。
地涌楼台侵斗极[2],天输江汉下荆扬[3]。
野火烂漫空千树,归燕萧条忽几行。
老去弟兄皆异域,独将衰鬓对残阳。

♣【注释】

①大荒:广野的地方。　②斗极:北斗星。这句写黄鹤楼的高峻。　③输:输送。意思是长江和汉水都流往荆州和扬州。

〔清〕 袁 枚 (1716—1797)

字子才，号简斋，又号随园老人，浙江钱塘(在今浙江杭州)人。清代著名文学家。乾隆四年进士，曾任江宁等地知县。

黄鹤楼

万里青天月，三更黄鹤楼。
湘帘才手卷，汉水拍天流。
山影如争渡[①]，渔歌半入秋。
深宵无铁笛，空自泊孤舟[②]。

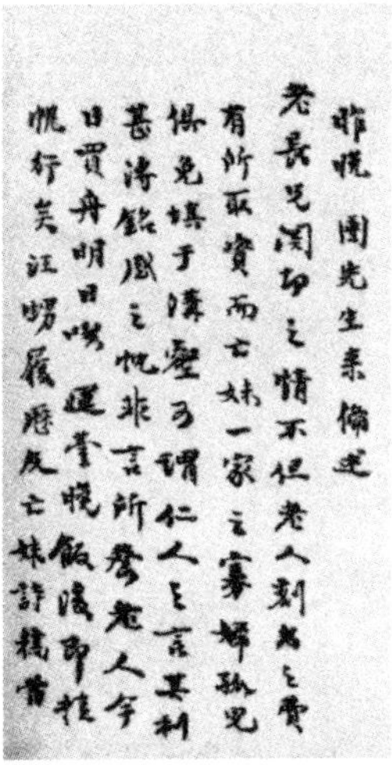

袁枚墨迹

♣【注释】

①这句说夜色中的山影如同人争渡。 ②空自：独自。

〔清〕洪亮吉 (1746—1809)

字君直，号北江，江苏阳湖(在今江苏武进)人。清代著名经学家、文学家。乾隆五十五年(1790)殿试一甲二名(榜眼)。曾任国史馆总纂。

月夜登黄鹤楼忆尚书师荆州[1]

上城已有角声催，曛黑窗棂信手开[2]。
十月鱼龙先入定[3]，三更乌鹊自飞来。
巴人路向云边出，楚国天从湓口开[4]。
谁敞庾公楼畔月[5]，不胜清兴待衔杯[6]。

♣【注释】

①尚书：官名。师荆州：人名。 ②曛：昏暗。棂(líng灵)窗户上的格子。 ③入定：佛教名词，指进入安静状态。这句写江上风平浪静。 ④湓(pén盆)口：古城名，在今九江市。 ⑤敞：开。庾公楼：南楼。 ⑥清兴：高雅的兴致。衔杯：饮酒。

〔清〕陈 沆 (1785—1826)

字太初,号秋舫,蕲水(在今湖北浠水)人。清代文学家。嘉庆二十四年(1819)一甲一名进士(状元),曾任广东大主考等职。这首诗写于嘉庆十八年(1813)重阳登楼时。

九日登黄鹤楼

自从十岁题诗后,不上兹楼二十年。
吟到雨风秋老矣[①],坐来天地气苍然[②]。
大江帆影沉鸿雁,下界人声混管弦。
寂寞繁华千感并,浮云郁郁到樽前[③]。

♣【注释】

①秋老:深秋。 ②苍然:天气旷远迷茫的样子。

③浮云:指变幻不定的事。

〔清〕林则徐 (1786—1850)

字少穆,福建侯官(在今福建闽侯)人。清末著名的政治家,伟大的爱国主义者。嘉庆十五年(1810)进士,曾任湖广总督等职。

林则徐

题朱久香学使学士兰《花间补续图》[1]

黄鹤楼前玉笛吹，梅花如雪驻襜帷[2]。
燃藜独理丹铅业[3]，□下何人借一鸱[4]。
西风分手短长亭，水蓼红疏荇叶青[5]。
何日名人同展卷，书声还许灶觚听[6]。

【注释】

①朱兰：作者友人，曾任湖北学使，字久香。 ②襜(chān 搀)：车上两旁的帷帐，借以指车驾。 ③燃藜：夜读的代名词。丹铅：指考订工作。这句说勤奋治学。 ④□：此处空一字。鸱(chī 吃)：盛酒器。 ⑤蓼(liǎo 了)：草本植物，花开淡红色。荇(xìng 姓)：草本植物。 ⑥灶觚(gū 姑)：指灶神。

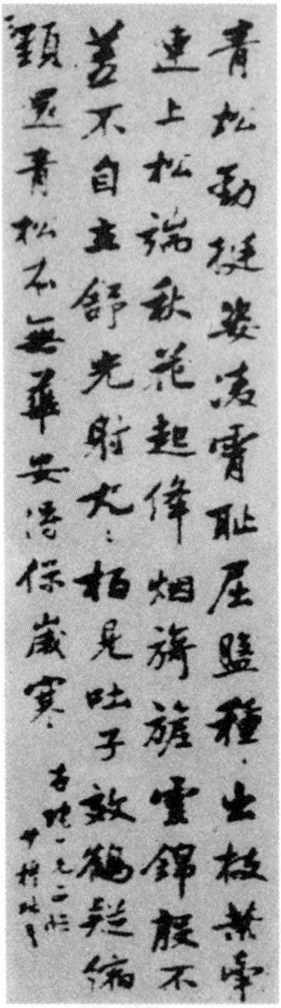

林则徐诗轴

〔清〕魏源 (1794—1857)

字默深，湖南邵阳（在今湖南）人。清代著名诗人、学者。道光二十四年(1844)进士，曾任内阁中书。

江行杂诗(八首选一)

一片青天雪，惟余黄鹤楼。
更无江上客，来泛木兰舟。
余亦从兹逝，仙人不可求。
征鸿去何所，菇叶满汀洲①。

【注释】

①菇：即茭白，生在水边。汀洲：水中小洲。

〔清〕官文 (1798—1871)

王佳氏，字秀峰，满洲正白旗人。清代官员，曾任湖广总督。

题黄鹤楼

费公过此已升仙，百尺楼高海内传。
鹦鹉洲连京口树，晴川阁对汉江烟。
山河襟带三分国①，翼轸星躔半壁天②。
千载白云踪迹杳，名流黄鹤鄂城边③。

♣【注释】

①襟带:从高处看,远远的山中襟如带。

②三分国:汉水长江三分山川如魏蜀吴鼎立。

③翼轸:南方的星辰。此句说黄鹤楼位于南方。躔(chán 缠):日月运行。　　④流:流传。

〔清〕 张之洞 (1837—1909)

字孝达,号香涛,直隶南皮(在今河北)人。清末洋务派首领人物。同治进士,曾任湖广总督、军机大臣等。

张之洞

黄鹤楼太白堂①

江上危矶九丈楼,雄奇只称谪仙游。

看花送客逢三月，放笔题诗隘九州。
青嶂犹横汉阳楼[②]，浮云难扫日边愁。
多君词客饶英气[③]，目笑苍蝇狎白鸥[④]。

【注释】

①太白堂在黄鹤楼后。　②青嶂：青山。楼，疑有误。　③多君：众多的君子。饶英气：富有才气。　④苍蝇，比喻小人。狎：态度轻佻。白鸥：比喻君子。

〔清〕黄遵宪 (1848—1905)

字公度，广东嘉应人。清代著名外交家、文学家，曾出使日本。

黄遵宪

上黄鹤楼

矶头黄鹄日东流，又此阑干又此秋。
鼾睡他人同卧榻[①]，婆娑老子自登楼。
能言鹦鹉悲名士[②]，折翼天鹏慨督州[③]。
酒尽新亭楚囚泪[④]，烟波风景总生愁。

【注释】

①同卧榻：同床睡。指帝国主义列强已入侵中国。②能言鹦鹉：鹦鹉会说话。名士，指祢衡。　③陶侃梦生八翼飞天而折翼，暗喻维新变法会失败。督州，指陶侃。

④新亭：在江苏江宁县南。楚囚：楚国的囚犯。暗喻有丧国之哀的人。清光绪二十一年(1895)，日本割据我国台湾省。

〔清〕刘鹗 (1857—1909)

字铁云，江苏丹徒(在今江苏)人。晚清著名作家。

登黄鹤楼

清晨携酒出花堤，试一登临万象低。
神女昔留苍玉珮，土人犹唱白铜鞮[①]。
江流直扑严城下[②]，山势争趋汉水西。
此去荆州应不远，倩谁借取一枝栖[③]。

♣【注释】

①鞮(dī 低)：古代歌谣名。　②严城：坚城。　③倩(qiàn 欠)：请求，希望。此句意思是：希望湖广总督张之洞能重用他。

〔清〕康有为 (1858—1927)

字广厦，号长素，广东南海县人。19世纪末中国资产阶级改良运动戊戌变法的主要领袖人物。

康有为

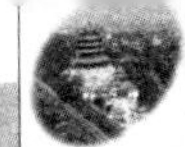

登黄鹤楼

浪流滚滚大江东，鹤去楼荒矶已空。
巫峡云雨卷朝暮，汉阳烟树带青红。
万家楼阁随波远，百战江山扼势雄[①]。
极目暮天帆影乱，中原万里对西风[②]。

♣【注释】

①扼，把守。这句说这里地理形势险要。 ②此句隐含对国家危亡的忧虑。

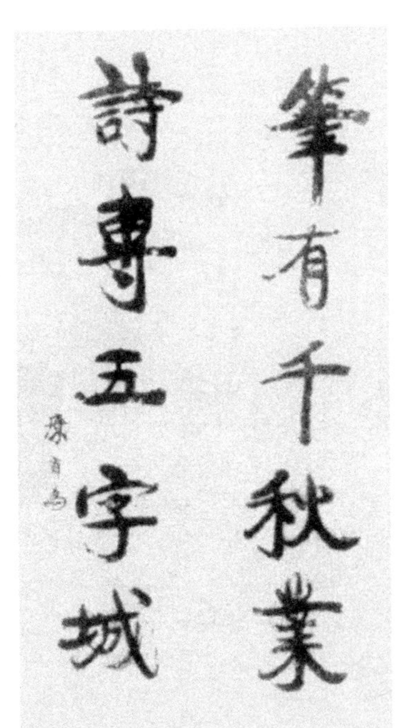

康有为墨迹

〔清〕 刘光第 (1859—1898)

字裴村，富顺（在今四川）人。清末维新派成员，著名的“六君子”之一。光绪进士，曾任军机章京。

泊汉口

夕阳满汉口，闲云低武昌[1]。
千年鹤楼上，烟水自苍苍[2]。

♣【注释】

①闲云：悠闲自在的白云。 ②这句写水上升起的深青色雾气。

词

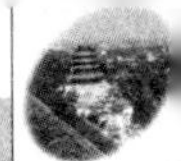

〔宋〕苏 轼（见前注）

此词上片写景，下片抒发了对权贵的愤懑和对才俊遭遇的同情。

满江红·寄鄂州朱使君寿昌[①]

江汉西来，高楼下，葡萄深碧。犹自带，岷峨雪浪[②]，锦江春色。君是南山遗爱守[③]。我为剑外思归客[④]。对此间、风物岂无情，殷勤说。　《江表传》[⑤]，君休读；狂处士[⑥]，真堪惜。空洲对鹦鹉，苇花萧瑟。独笑书生争底事[⑦]，曹公黄祖俱飘忽[⑧]。愿使君、还赋谪仙诗，追黄鹤[⑨]。

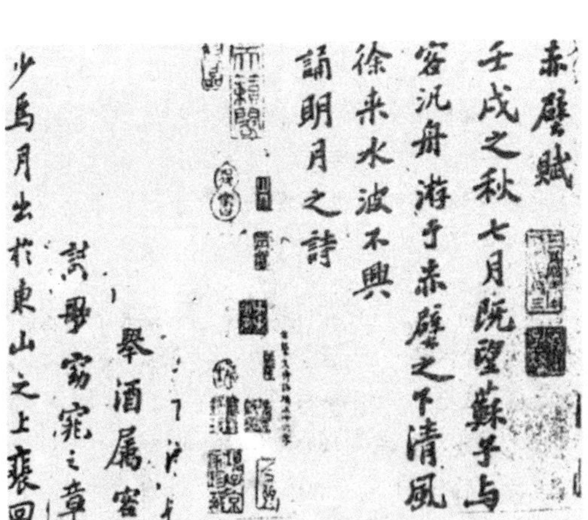

苏轼墨迹

♣【注释】

①满江红:词牌名。使君:对州郡长官的称呼。朱寿昌,宋代官员。　②岷峨雪浪:岷江水和峨眉山的融雪泻入长江,称雪浪。　③南山,即终南山,在今陕西省西安市南。遗爱,留下爱民的功绩。守,朱寿昌任陕州(终南山区)通判,通判亦称通守。　④剑外:四川剑门山之南,后作为四川的别称。　⑤江表传:书名,记载东汉末年三国群雄割据和荆吴人物事迹。　⑥狂处士:指祢衡。　⑦底事:什么事。　⑧飘忽:指人事无常,转瞬即逝。　⑨谪仙,指李白。追:赶上,胜过。黄鹤:崔颢《黄鹤楼》诗。

〔宋〕王以宁 (生卒年不详)

字周士,湖南湘潭人。宋代学者。曾任知州。此词上片写初游的美好兴致,下片写十年后重游时吊古伤今的感慨。

水调歌头·呈汉阳使君[①]

大别我知友,突兀起西州[②]。十年重见,依旧秀色照清眸[③]。常记鲒碕狂客[④],邀我登楼雪霁[⑤],仗策拥羊裘[⑥]。山吐月千仞,残夜水明楼[⑦]。　黄粱梦,未觉枕,几经秋[⑧]。与君邂逅[⑨],相逐飞步碧山头。举酒一觞今古[⑩],叹息英雄骨冷,清泪不能收。鹦鹉更谁赋?遗恨满芳洲[⑪]。

【注释】

①水调歌头,词牌名。汉阳使君,不详。　②大别,龟山。突兀,高耸的样子。西州,此指汉阳。　③清眸:明亮的眼珠。　④鲒碕(jié qí 杰奇),山名,在浙江宁波附近。狂客,指汉阳使君。　⑤雪霁:雪后放晴。此句说,邀我登楼观赏雪后景致。　⑥扶着拐杖,披着羊皮袄。　⑦山吐:形容月亮从山后升起。水明楼,水面的波光月色照亮了楼台。⑧多年来为名利所羁绊,未能觉醒。　⑨邂逅(xiè hòu 械后):偶然相逢。　⑩觞:敬酒或自饮。此句说,为吊念古今人才而同干一杯。　⑪芳洲:鹦鹉洲,祢衡葬于洲上。

〔宋〕岳　飞 (1103—1142)

字鹏举,相州汤阴(在今河南省)人。南宋抗金名将。因反对和议,反被高宗、秦桧以"莫须有"的罪名杀害。宁宗时追封鄂王。此词上片写汴京失陷前后的对比,下片抒收复失地的壮志,为千古名篇。

岳　飞

满江红·登黄鹤楼有感

遥望中原，荒烟外，许多城郭[1]。想当年，花遮柳护，凤楼龙阁[2]。万岁山前珠翠绕，蓬壶殿里笙歌作[3]。到而今，铁骑满郊畿，风尘恶[4]。　兵安在？膏锋锷[5]。民安在？填沟壑[6]。叹江山如故，千村寥落。何日请缨提锐旅[7]，一鞭直渡清河洛[8]。却归来，再续汉阳游，骑黄鹤[9]。

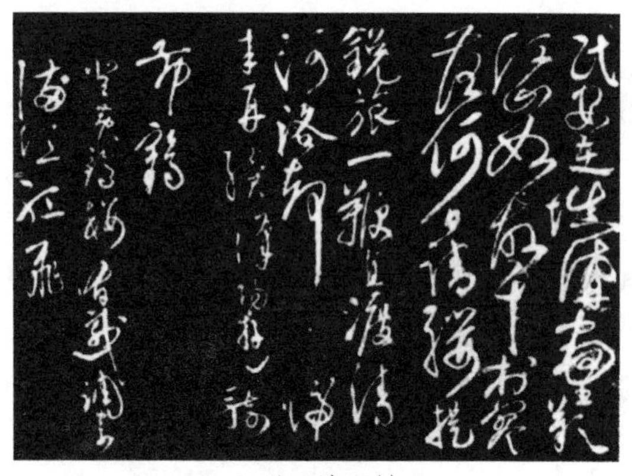

岳飞诗石刻

♣【注释】

①这句意思是：纵目眺望，中原的大好河山尽在荒草寒烟中。　②“花遮柳护”形容风光如画；“凤楼龙阁”赞美宫阙壮丽。　③万岁山：宋徽宗当年在京城建的御园假山；蓬壶殿：汴京皇宫内的蓬莱殿。这几句写宫廷内的繁华生活。　④骑，(jì 记)，骑兵。铁骑，指金兵。畿(jī 机)，古代京城所辖的地区。风尘，铁骑扬起的尘土。恶，凶恶，可

恨。 ⑤兵安在:兵士们在哪里。膏:血染。锷:刀剑上的刃。膏锋锷,死于剑刃之下。 ⑥沟壑(hè 贺):深沟大坑,填沟壑,指老百姓死在野外。 ⑦请缨,请战。锐旅,精锐的部队。 ⑧河,黄河;洛,洛河。清河洛,即收复中原大地。 ⑨骑黄鹤:跨着黄鹤。这句写实现宏愿后的心情。

〔宋〕 范成大 (见前注)

此首词与前《鄂州南楼》同写于熙宁四年(1177)到达鄂州宴饮南楼赏月时。此词上片写中秋夜的喜悦之情,下片抒发山河破碎的忧愁和抑郁。

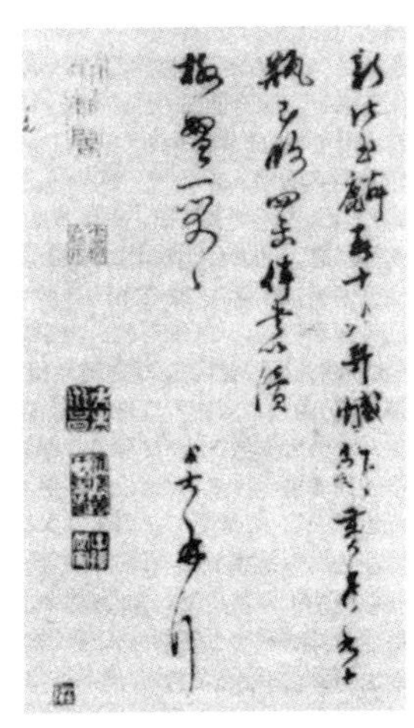

范成大墨迹

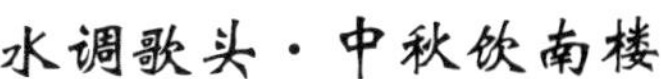

水调歌头·中秋饮南楼

细数十年事,十处过中秋。今年清梦,忽到

黄鹤旧山头。老子个中不浅[①]，此会天教重见[②]，今古一南楼。星汉淡无色，玉镜倚空浮。　　敛秦烟[③]，收楚雾[④]，熨江流[⑤]。关河离合，南北依旧照清愁[⑥]。想见姮娥冷眼[⑦]，应笑归来霜鬓，空敝黑貂裘[⑧]。酾酒问蟾兔[⑨]，肯去伴沧州[⑩]。

【注释】

①老夫缘分不浅。借用晋庾亮镇守武昌登楼时曾说"老子于此处兴复不浅"。　②见：同现，出现，显现：指自己中秋登楼与庾亮登楼是老天叫这两次盛会重现。　③敛(liǎn 脸)，收起，收住。秦：陕西一带。　④楚：指今湖北、湖南一带。　⑤熨(yùn 运)：烫平。熨江流，使江流平静。　⑥关河：山河，指国家。离合：分裂。祖国河山南北分割，令人深忧。　⑦姮娥：嫦娥。这句说自己壮志未酬，连天上的嫦娥都对我冷眼相看。　⑧空，徒然。敝，破旧。这句说，嫦娥笑我归来时一事无成，人却变老了。自己像当年的苏秦一样，劳碌奔波，所穿的黑貂皮衣服也破旧不堪了。　⑨酾(shī 师)酒，斟酒。蟾兔，月亮的代称。

⑩沧州：指神仙或隐者住处。这句说：请问月中的蟾兔，是否愿伴我去隐居之地过寂寞的生活。

〔宋〕张孝祥 (1132—1169)

字安国，别号于湖居士，历阳乌江(今安徽和县)人，南宋爱国词人。宋高宗绍兴二十四(1154)年进士第一，曾任建康留守和荆湖北路安抚使等职。此词上

片写长夜难熬的情景，下片写对家乡的思念。

满江红·听雨

斗帐高眠[1]，寒窗静，潇潇雨意[2]。南楼近、更移三鼓[3]，漏传一水[4]。点点不离杨柳外，声声只在芭蕉里[5]。也不管、滴破故乡心，愁人耳[6]。　无似有，游丝细[7]；聚复散，真珠碎[8]。天应分付与，别离滋味。破我一床蝴蝶梦[9]，输他双枕鸳鸯睡[10]。向此际，别有好思量[11]，人千里。

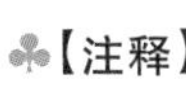

【注释】

①斗帐：像斗样的小帐子。高眠：高枕而卧。　②潇潇雨意：飘着小雨。　③三鼓即三更。　④漏：漏壶，古代一种滴水计时的仪器，又叫漏刻、刻漏、壶漏。这句意思是，漏壶不停地滴着水，向人报时。　⑤点点：雨点；声声：雨声。这两句写南楼的雨景。　⑥故乡心：思乡之心。耳，语助词，无实际意义。　⑦形容空中细雨蒙蒙的样子。游丝：飘动的蛛丝。　⑧真珠：珍珠，形容荷上雨水。　⑨蝴蝶梦：借用庄子做梦化蝴蝶的事，比喻思乡的梦境。⑩输：不及。　⑪思量：想念。

〔宋〕辛弃疾 (1140—1207)

字幼安，号稼轩，历城(在今山东济南)人。南宋著名爱国词人。曾组织抗金队伍抗击金军，历任安徽等地知府或安抚使。此词上片写人到中年的劳苦，下片表达对国家生死存亡的关切。

水调歌头·折尽武昌柳

淳熙己亥，自湖北漕移湖南。周总领、王漕，赵守置酒南楼，席上留别①。

折尽武昌柳，挂席上潇湘②。二年鱼鸟江上，笑我往来忙③。富贵何时休问，离别中年堪恨，憔悴鬓成霜。丝竹陶写耳，急羽更飞觞④。　序兰亭，歌赤壁，绣衣香⑤。使君千骑鼓吹，风采汉侯王⑥。莫把高歌频唱，可惜南楼佳处，风月已凄凉。“在家贫亦好”，此语费平章⑦。

♣【注释】

辛弃疾

①淳熙己亥，即孝宗淳熙六年(1179)。漕，漕司。移，调任。周总领，周嗣武，福建人，曾任四川总领。王漕，当时任湖北漕运官。赵守，即赵善括，当时任鄂州知州。此三人都是辛弃疾在湖北的同僚。置酒：设酒宴。　②折尽句，古人常以折柳送别。挂席，扬帆。潇湘，此指湖南。　③这两句是说，两年来调职多处，抱负未展，江上的鱼儿、鸟儿都认识我该笑我吧！　④丝竹，管弦乐。写，通泄，宣泄。急羽飞觞：形容狂歌痛饮。　⑤序兰亭，王羲之为兰亭宴集作序的事被传为美谈，这里表达聚会的欢

乐。歌赤壁，苏轼在黄州作《赤壁赋》，这里说生活的闲适。绣衣，指汉武帝末年设置的官，身穿绣衣，持节发兵，这里说地位的显要。 ⑥这两句回顾在武昌时当官的气派和威势。 ⑦平章，品评，评论。

〔宋〕刘 过 (1154—1206)

字改之，自号龙洲道人。其籍贯一说在吉洲太和(在今江西泰和)，一说在庐陵(今江西吉安)。南宋著名的爱国诗人和词人。力主北伐，反对议和，终身未能做官。此词上片概括了岳飞抗金的业绩，下片指责卖国罪臣，并隐约地讥讽了宋高宗。

六州歌头·题岳鄂王庙①

中兴诸将，谁是万人英②？身草莽③，人虽死，气填膺④，尚如生。少年起河朔⑤，弓两石⑥，剑三尺⑦，定襄汉⑧，开虢洛⑨，洗洞庭⑩。北望帝京，狡兔依然在，良犬先烹⑪。过旧时营垒⑫，荆鄂有遗民。忆故将军，泪如倾！ 说当年事，知苦恨，不奉诏，伪耶真⑬？臣有罪，陛下圣⑭；可鉴临，一片心⑮。万古分茅土，终不到，旧奸臣⑯。人世夜，白日照，忽开明。衮佩冕圭百拜，九泉下，荣感君恩⑰。看年年三月，满地野花春，卤簿迎神⑱。

♣【注释】

①六州歌头，词牌名。岳鄂王庙，在黄鹄山侧。 ②中兴诸将：当年岳飞、韩世忠、张浚、宗泽并称中兴四将。万人英，众人中的英杰。 ③身草莽：指岳飞葬身荒野。 ④膺：胸中。 ⑤河朔：泛指黄河以北。指岳飞在河北崭露头角。 ⑥弓：拉弓。弓两石：臂力能拉开两石之弓。每石为120斤。 ⑦剑三尺：佩挂着三尺龙泉宝剑。 ⑧定襄汉：平定襄阳。 ⑨开虢(guó 国)洛：收复陕西河南。 ⑩洗洞庭，指岳飞镇压了洞庭湖一带杨幺农民起义。 ⑪良犬先烹，指岳飞遭杀害。 ⑫岳飞曾驻军鄂州(今武昌)，故云“旧时营垒”。

⑬所谓岳飞“不奉诏”，到底是真、是假！这里实指岳飞遭陷害。 ⑭岳飞有罪，如果皇帝圣明的话。 ⑮鉴临，明察。岳飞一片忠心报国，这是能明察的。 ⑯分茅土：升官封地的象征。旧奸臣，指秦桧，他最终达不到升官封地的目的。 ⑰衮(gǔn 滚)、冕、佩、圭：都是帝王贵族享用的礼器和饰物。这里指岳飞身着衮服，头戴高冠，腰系玉珮，手持玉璧。岳飞被封鄂王，在九泉之下也会感到荣耀，拜谢皇恩。 ⑱卤(lǔ 鲁)簿，帝王的仪仗队。指每年三月人们祭奠岳飞的盛况。

〔宋〕 姜 夔 (1155—1221)

字尧章，号白石道人，饶州鄱阳(在今江西波阳)人。南宋著名词人。此词写于淳熙十三年(1186)冬，上片写流离的生活，下片思念汉阳和故人的愁苦。

姜夔

清 波 引

予久客古沔，沧浪之烟雨，鹦鹉之草树，头陀、黄鹤之伟观，郎官、大别之幽处，无一日不在心目间；胜友二三，极意吟赏。朅来湘浦[①]，岁晚凄然，步绕园梅，擒笔以赋。

冷云迷浦，倩谁唤玉妃起舞[2]。岁华如许,野梅弄眉妩。屐齿印苍藓[3],渐为寻花来去。自随秋雁南来,望江国,渺何处。

新诗漫兴，好风景长是暗度[4]。故人知否?抱幽恨难语[5]。何时共渔艇,莫负沧浪烟雨。况有清夜啼猿,怨人良苦。

【注释】

①朅(jiè 怯),去来。湘浦:湘江之滨。擒:拿,执。 ②玉妃:唐玄宗贵妃杨玉环。 ③屐齿:木制的鞋。 ④漫兴:随意。暗度:悄悄过去。 ⑤幽恨:内心深处的苦闷。

联

四言对

〔清〕 佚名

楼峰江带；　　舟蚁人潮[①]。

【注释】

①意思是:楼如峰,江如带;舟如蚁,人如潮。

咸丰年间的黄鹤楼

〔清〕 徐寿铭 (生卒年不详)

此为涌月台楹联。

人间仙境；　　江上大观

〔清〕佚名

此为涌月台楹联。

月色无玷[1]；江流有声。

♣【注释】

①玷(diàn 店)玉上斑点。

五言对

〔清〕佚名

大江流日夜；明月照高楼。

〔清〕金安清（生卒年不详）

大江流日夜；西北有高楼。

〔清〕青云路（生卒年不详）

白云在天外；明月满楼中。

〔清〕佚名

清江浮暖日；黄鹤弄晴烟。

〔清〕 **李 鼎** (生卒年不详)

鹤去楼仍建； 人来笛不吹。

六言对

〔清〕 **朱士彦** (?—1838年)

此为仙枣亭楹联。

此间可谈风月； 斯世岂有神仙。

重建的仙枣亭

七言对

〔明〕 **佚 名**

祢衡洲上千年恨； 崔颢楼头一首诗。

〔明〕张居正 (见前注)

此为头陀寺楹联。

千座头陀皆北拱；　　一江春水向东流。

张居正

〔清〕彭久余 (生卒年不详)

修道何须必骑鹤；　　有缘仍许再登楼。

〔清〕胡翰泽 (生卒年不详)

一笛清风寻鹤梦；　　千秋皓月问梅花。

〔清〕秦松龄 (1637—1714)

登楼有客依刘表[①]；　　使粤何人下赵佗[②]。

♣【注释】

①依，投奔。刘表，东汉末年荆州刺史。 ②下，下迁。赵佗（tuó 驼），汉朝人，曾自立为南越武帝，后在汉文帝特使陆贾的压力下，撤帝称臣。

〔清〕 翁方纲 (1733—1818)

字正三，号覃溪，顺天府大兴（在今北京大兴县）人。清代著名文人。乾隆十七年(1752)进士，曾任内阁士。

千古题诗到崔李[①]； 本朝制义在熊刘[②]。

♣【注释】

①崔李，指唐朝诗人崔颢，李白。 ②制义，即八股文。本朝：清朝。熊刘：熊，即熊伯龙，字次侯，号斋，顺治六年（1647）成为清代头科进士榜眼，曾任浙江乡正考官等职，擅长诗、古文、诗文等。刘，刘子壮，见前诗所注，二人均为清初制义名家。时称“熊刘”。

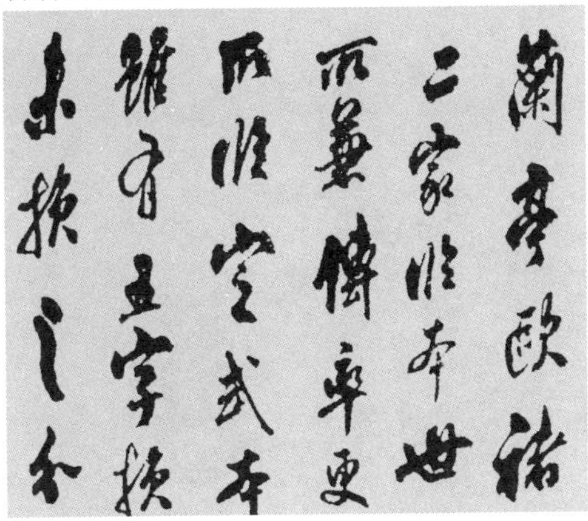

翁方纲兰亭题跋

〔清〕马松瀛 (生卒年不详)

太仓（在今江苏）人，嘉庆年间曾任江夏（今武昌）知县。

与谁重访辛家酒[1]；　到此难忘崔子诗。

♣【注释】

①辛家酒，传说黄鹄山上有一个姓辛的卖酒人，靠仙人的指点发富，用积资修建了黄鹤楼。

〔清〕方维新 (生卒年不详)

对江阁楼参天立[1]；　全楚山河缩地来[2]。

♣【注释】

①对江阁楼：指隔江对峙的晴川阁与黄鹤楼。　②缩地：古代的一种法术，能将很远的东西变到眼前来。此处指登上黄鹤楼眺望，楚地好山水扑入眼帘。

〔清〕 汤炳巩 (生卒年不详)

江城如画宜初霁[①]； 风月无边似昔时。

♣【注释】

①初，刚刚。霁(jì 记)：雨后或雪后转晴。

〔清〕 杨寿春 (生卒年不详)

问黄鹤，已成千古； 唱大江，更上一层。

〔清〕 鲁之裕 (生卒年不详)

到来径欲凌风去； 吟罢还思借笛吹。

〔清〕 佚　名

追寻黄鹤千年杳[①]； 不让元龙百尺高[②]。

♣【注释】

①杳(yǎo 咬)，不见踪影，下落不明。 ②元龙，指东汉陈登(字元龙)；百尺高：很高的床，元龙有傲气，曾让客人睡矮床，自己睡高床。

〔清〕 何绍基 (1799—1873)

字子贞，号东洲。道洲(在今湖南道县)人。清著名诗人、书法家。道光进士，曾任四川学镇，此为仙枣亭楹联。

千年仙枣不留核；　　五月落梅犹有花。

〔清〕胡林翼 (1812—1861)

字贶(kuàng 况，贶：赐，赠)生，号润芝。益阳 (在今湖南) 人。清末官员。道光进士，1856年任湖北巡抚。

黄鹤飞去且飞去；
白云可留不可留。

〔清〕抱蜀居士 (生卒年不详)

黄鹤来去无定所；　　白云今古拥高楼。

〔清〕佚名

黄鹤偶乘沧海月；　　白云常带楚江秋。

〔清〕晏文烈

(生卒年不详)

神仙亦自经尘劫；
江汉依然极大观。

〔清〕 周　斌 （生卒年不详）

楼可停云休跨鹤；　　才能搁笔亦称仙。

〔清〕 赵光祖 （生卒年不详）

携鹤未能绳祖德[1]；倚楼先已望君山[2]。

♣【注释】

①携鹤，指求仙访道。绳祖德，继承祖先的德泽。②君山：山名，位于汉阳长江边。

〔清〕 邱安洲 （生卒年不详）

此为睡仙亭楹联。

又建重楼新鄂渚[1]；　　何须三醉记岳阳[2]。

♣【注释】

①鄂渚（zhǔ 主），指武昌。　　②三醉：传说吕洞宾曾经三醉岳阳楼。

〔清〕 曾衍东 （生卒年不详）

此为太白堂楹联。

楼未起时原有鹤；　　笔从搁后更无诗。

〔清〕 程希唐 （生卒年不详）

此为文昌殿楹联。

漫诩才华夸武库[①]；　　还将德行问文昌[②]。

♣【注释】

①诩(xǔ 许)，夸耀。漫诩：莫要夸耀。夸，这里是超越的意思。武库：原指收藏兵器的仓库，后比喻人的学识渊博。②文昌：道教中掌管功名禄德的神。

〔清〕余本敦 (生卒年不详)

此地饶千秋风月[①]；　　偶来作半日神仙。

♣【注释】

①饶：多。

〔清〕佚　名

此为搁笔亭楹联。

辛氏有楼谁贳酒[①]；　　谪仙搁笔我题诗。

♣【注释】

①贳(shì 事)：赊欠。

〔清〕方秀卿 (生卒年不详)

此为搁笔亭楹联。

谁唤祢生同问月；　　敢邀杜老共题诗[①]。

♣【注释】

①杜老，唐诗人杜甫。

〔清〕 刘廷禧

(生卒年不详)

此为涌月台楹联。

曾是当年觞月地[1]；
而今又作上台人。

♣【注释】

①觞(shāng 伤)月：对月饮酒。

八言对

〔清〕 纪以凤 (生卒年不详)

楼又成矣，诗凭谁续？
鹤若返乎，笛定有声。

〔清〕 林以钺 (生卒年不详)

搁笔题诗，两人千古[1]；
临江吞汉，三楚一楼。

♣【注释】

①两人：指唐代诗人崔颢、李白。

九言对

〔清〕**陈曾望**（生卒年不详）

太白无诗，竟成千古恨[1]；
长安不见，更上一层楼。

♣【注释】

①太白无诗，指李白因有崔颢诗而搁笔。

〔清〕**蒋玉峰**（生卒年不详）

叹浮世何求，仙人宛在；
恨知音绝少，玉笛无声。

〔清〕**张世准**（生卒年不详）

谁曾将此楼一拳打破？
我也在上头大胆题诗。

〔清〕**铁道人**（生卒年不详）

揽风月，登楼何曾跨鹤？
对仙人，搁笔不敢题诗。

十言对

〔清〕吴霭如 (生卒年不详)

鹤又飞来,顿觉扬州梦醒①;
楼今再眺,依然江汉朝宗②。

♣【注释】

①扬州梦,扬州是江南名城,极尽繁华。扬州梦即奢侈繁华之梦。唐代诗人杜牧有"十年一觉扬州梦"的诗句。

②朝宗:地方上的臣子朝见帝王。这里指长江汉水流向大海。

〔清〕周延俊 (生卒年不详)

瓢饮长江,一吞六七千里;
笛横大别,三弄十二万年。

〔清〕绍诚 (生卒年不详)

此为太白堂楹联。

近仙人居,且慢吟风弄月;
此高会地,何分清圣浊贤。

〔清〕李翥华 (生卒年不详)

此为吕祖阁楹联。

岩洞出宾，曾树八仙模楷[①]；
鹤楼依阁，共增三楚雄风。

♣【注释】

①岩洞：吕仙洞，吕洞宾名岩。

吕洞宾

十一言对

〔清〕周锦澜 (生卒年不详)

长笛一声，此曲只应天上有；
大江千古，今朝都到眼前来。

〔清〕鲁　杰 (一作杰超，生卒年不详)

风月常新，似当日我曾搁笔；
江城如画，快今生到此重游。

〔清〕韩殿荣 (生卒年不详)

忆曩时黄鹤飞来，曾闻玉笛[①]；
看此日白云霭去，难识金丹[②]。

♣【注释】

①曩(nǎng)时:从前。 ②霭(ǎi 矮):云气。金丹:古代方士炼金石为药物。说服后可以长生,称为金丹。

〔清〕 白让卿 (生卒年不详)

令威化鹤又归来[①],依然城郭;
王粲登楼犹往昔[②],如此江山。

♣【注释】

①令威:指丁令威,传说中的仙人,后化成了黄鹤。②王粲:字仲宣,汉末文学家。山东邹县人。先依刘表,未被重用,后投曹操。

〔清〕 黄昌辅 (生卒年不详)

胜迹重新,不见云中来鹤影;
江城如旧,还从笛里听梅花。

〔清〕 孙嘉猷 (生卒年不详)

记当年银汉同游,落梅有句;
叹今夕白云初度,玉笛无声。

〔清〕 佚　名

访鹤来游,草绿芳洲鹦鹉色;
听莺求友,山青故国凤凰声。

〔清〕王菊人 (生卒年不详)

老子兴来,除开辛氏岂无酒?
高人辈出,压倒崔公便是诗。

〔清〕佚　名

杰观飞甍,槛外蜀吴横万里[①];
风帆沙鸟,天边江汉涌双流。

♣【注释】

①杰观(guàn 灌):杰,出众;观,道教庙宇,因黄鹤楼与道教文化有很深的关系,故称为观。飞甍(méng 蒙):甍,屋脊。飞甍,比喻高大的屋宇。槛(jiàn 见):栏杆。

〔清〕吴省钦 (生卒年不详)

字充之,号白华,江苏南汇(在今上海市)人。清

代官员乾隆进士，曾任湖北学政。

城郭依然，只趁扁舟盘鹤影；
江山如此，试携短笛落梅花。

〔清〕符秉忠（生卒年不详）

爽气西来，云雾扫开天地憾；
大江东去，波涛洗净古今愁。

〔清〕陈大纶（生卒年不详）

崔唱李酬，双绝二诗传世上；
云空鹤去，一楼千载峙江边。

〔清〕任天宝（生卒年不详）

骑鹤翔空，一瞬元黄新甲子[①]；
乘龙混迹，旁求忠孝作神仙[②]。

【注释】

①元黄，即玄黄，指天地。清康熙帝名玄烨，为避其讳，玄改作元。　②旁求：遍求，广求。

〔清〕赵培桂（生卒年不详）

密秘元关，仙踪俗样真仍幻[①]；
弥纶大道，天上人间归去来[②]。

♣【注释】

①元关：即玄关，佛家入道之门。 ②弥纶：包罗，统括。大道：大道理，常理正道。

〔清〕查培初 (生卒年不详)

游客重来，举手欲招云外鹤；
仙人几度，临风催放笛中梅。

〔清〕李 鑫 (生卒年不详)

楼榭依然，不共白云千载去；
仙灵如在，问骑黄鹤几时来。

〔清〕邹昆洋 (生卒年不详)

鹤影欲飞，吹笛神仙今尚在。
鸿泥可印，落梅时节我重来[①]。

♣【注释】

①鸿泥：宋苏轼诗："人生到处知何似，应似飞鸿踏雪泥。"后比喻往事的痕迹，或喻行踪无定，偶然到达或相

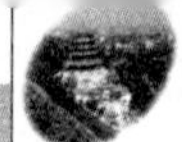

遇。也另称“雪泥鸿爪”或“鸿爪”。

〔清〕 雷以诚 (1801—1884)

此为太白堂楹联。

公倘重来,定补诗篇题上界;
堂仍旧贯,更添砥柱镇中流。

〔清〕 佚 名

此为吕祖阁楹联。

如此江山,有客羽衣骑鹤背;
无边风月,谁家玉笛弄梅花。

〔清〕 黄文炳 (生卒年不详)

此为吕祖阁楹联。

遇有缘人,不枉我望穿眼孔;
得无上道,只要汝立定脚跟。

〔清〕 佚 名

此为涌月台楹联。

遥看兔影滚中流,非同承露[1];
恍听鹤声来上界,岂是歌风[2]。

♣【注释】

①兔影:古代神话说月中有兔,后来就以兔影比喻月亮。

与这相近、当作月亮别称的还有“兔轮”、“兔魄”。承露:承接甘露。据说可以延年益寿。 ②上界:天上,天界。道教佛教所指神仙居住的地方。歌风:歌唱乐曲。风,乐曲的通称。

〔清〕 袁太华 (生卒年不详)

抱郭江流,触耳似闻仙笛弄;
凌霄楼起,举头仍见白云飞。

〔清〕 黄鹊喜 (生卒年不详)

此为睡仙亭楹联。

笛里春回,已藉丹功成九转[①];
楼头日近,全凭风力到三山[②]。

♣【注释】

①丹功成九转：金丹：道家用矿石药物烧炼成。转：循环变化的意思。九转：即反复多次地烧炼。②三山：古代传说东海中蓬莱、方丈、瀛洲三山，为仙人所居。

十二言对

〔清〕朱元勋 (生卒年不详)

千里溯源头，玉笛吹时乡梦醒；
万家开画本，梅花落处楚山孤。

〔清〕林之望 (生卒年不详)

字远村。安徽人。曾任湖北布政使。

向江汉凭栏，作颂愿为尹吉甫[①]；
让英豪下笔，爱才谁似李青莲。

【注释】

①尹吉甫：周宣王的臣子，姓兮，名甲，也称兮伯吉父，尹是官名。擅长作歌功颂德的诗篇。

〔清〕周延俊 (生卒年不详)

宇宙几沧桑，江汉波涛千古恨；
湖山自燕暇，楼台烟雨画图秋[①]。

【注释】

①燕暇：(xiá 霞)安息、空闲。

〔清〕 罗群英 (生卒年不详)

远望认蟾宫，绮窗八面风云幻[1]；
重来攀鹄岭，长笛一声天地空。

♣【注释】

①蟾(chán 蝉)：月宫。绮(qǐ 起)窗：绮，有花纹和有图案的丝织品。绮窗，雕刻装饰精致的窗户。

〔清〕 毕　沅 (1730—1797)

字纕蘅，又字秋帆，号灵岩仙人。镇洋(在今江苏太仓)人。清代著名文人和官员。乾隆进士，曾任湖广总督。

揽胜我长吟，碧落此时吹玉笛[1]；
学仙人渐老，白头何处觅金丹。

♣【注释】

①碧落：天空。

吕仙洞

〔清〕钱 楷 (1760—1812)

字宗范，又字裴山。浙江嘉兴人。清代官员，乾隆进士，曾任湖北巡抚。

我去太匆匆，骑鹤仙人还送客；
兹游良眷眷，落梅时节且登楼[1]。

【注释】

①兹(zī)：此，这。

〔清〕彭玉麟 (1816—1890)

字雪琴，自号退省庵主人。湖南衡阳人。清代官员、擅长书画。曾任兵部尚书。

星斗摘寒芒，古今谁具摩天手[1]？
乾坤流浩气，霄汉常悬捧日心。

【注释】

①寒芒：寒星的光芒。

〔清〕端 方 (1861—1911)

字陶斋，号午桥，满洲正白旗人。清代官员、金石学家。曾任湖北巡抚、南北洋大臣等。

我辈复登临，昔人已乘黄鹤去；
大江流日夜，此心吾与白鸥盟。

〔清〕从无事客 (生卒年不详)

何事觅长生,且对江山闲酌酒;
是谁同小谪,只谈风月怕题诗[①]。

♣【注释】

①小谪:神仙谪居人世。

〔清〕贺良桢 (生卒年不详)

浮世总如鸥,胸中曾无云梦芥[①];
登高犹跨鹤,眼底一为洞庭青。

♣【注释】

①芥,小草。比喻轻微的事物。

〔清〕许星鳌 (生卒年不详)

翁如跨鹤来游,还记亭边仙枣[①];
我欲凌风飞去,又听笛里梅花。

♣【注释】

①翁:指传说中八仙之一的吕洞宾。

〔清〕叶济川 (生卒年不详)

楼耸已千秋,玉笛梅花追已往;
琴弹才一曲,白云黄鹤喜重来。

〔清〕 黄兆槐 (生卒年不详)

景物未全非，独恨难招天上鹤；
乡关何处是，几回欲问楼头仙。

〔清〕 傅　某 (生卒年不详)

醉月几飞觞，何须搁笔题诗后；
吟风还弄笛，且喜人归在鹤先。

〔清〕 厉云官 (生卒年不详)

曾任湖北布政使。

善果种灵台，人间几见安期枣①？
仙踪余断碣，客到重寻鄂渚亭②。

♣【注释】

①灵台：心灵。安期（安期枣）：指先秦时代方士安期

生。汉武帝按方士李少君的话，曾派人到海上去寻蓬莱仙安期生等。李少君又对武帝说，安期生吃的枣子，其大如瓜，于是后人称这种仙枣为"安期枣"。 ②断碣：残石。

〔清〕林以钺 (见前注)

此为睡仙亭联。

人笑我长眠，世上那堪睁眼看？
我叹人尽梦，道旁曾借枕头来。

〔清〕马铭谦 (生卒年不详)

此为睡仙亭楹联。

明月正当楼，窥公醒眼非贪睡；
闲去偶出岫，笑我痴心欲学仙[①]。

♣【注释】

①岫(xiù 袖)：山洞。

十三言对

〔清〕汤宕仙 (生卒年不详)

太白不须愁，鹤去鹤来，终随物化；[①]
昔人今尚在，云生云灭，常与天游。

♣【注释】

①物化：万物变化，引申为消亡。

〔清〕秦鸿翥 (生卒年不详)

鹤梦醒来，问江上樯帆可能无恙；
笛声吹去，于民间解阜是否相关。

〔清〕张　曜 (生卒年不详)

旧地重新，记劫冷江城，烬余赤壁[①]；
登高一览，成古今变局，中外奇观。

【注释】

①烬余，遭火灾后的残余。

〔清〕毕承缃 (生卒年不详)

低望红水绕青山[①]，向那东海流去；

仰观白云送黄鹤，对着晴川飞来。

♣【注释】

①红水：浑黄的江水。

〔清〕 官 文 (1798—1871)

此为睡仙亭楹联。

偶然一枕游仙，蝶梦是庄庄梦蝶[①]；
莫以半生嗜酒，醒人常醉醉人醒。

♣【注释】

①蝶梦：庄周梦见自己变成了蝴蝶。后来人们将梦称为蝶梦。

〔清〕 张之洞 (见前注)

此联为奥略楼楹联。

昔贤整顿乾坤，缔造多从江汉起；
今日交通文轨[①]，登临不觉亚欧遥。

♣【注释】

①交通文轨：这里指国与国之间的往来。

十四言对

〔清〕 萨迎阿 (?—1857)

字湘林。满洲镶黄旗人。清代官员。嘉庆举人。曾署陕甘总督。

一楼萃三楚精神，云鹤俱空横笛在；
二水汇百川支派，古今无尽大江流。

〔清〕 丁守存 (1810—1881)

字心斋。山东日照人。清代官员。道光进士，曾任湖北督粮道。

三千里再印鸿泥，太白才华输绝调①；

二十年重寻鹤梦,令威城郭记前缘。

♣【注释】

①输:逊色。绝调:绝妙诗篇,指崔颢诗。

〔清〕孙钟芳 (生卒年不详)

占得绝好湖山,且向高楼来吹玉笛;
有此无边风月,何须骑鹤再上扬州。

〔清〕袁尚寅 (生卒年不详)

我比青莲来更迟,仍许登楼眺江汉;
谁知黄鹤去太早,空听吹笛落梅花。

十五言对

〔清〕陈宏谋 (1696—1771)

字汝咨,号榕门。广西临桂人。清代官员。雍正进士。曾任东阁大学士、工部尚书等职。

楼外白云停,殊觉天际真人,至今未远[①];
江边黄鹤返,纵有卷中佳句,到此皆空。

♣【注释】

①真人:道家称存养本性的得道的人。此处指传说在黄鹄山修仙得道,乘鹤而去的费祎。

〔清〕贺州林 (生卒年不详)

仙去几千年,今试问讯白云,时来黄鹤[①]?
我归二万里,也曾醉吹玉笛,飞过洞庭。

【注释】

①时:何时。

〔清〕左宗棠 (1812—1885)

字季高,湖南湘阴人。清朝大臣。道光举人,曾任浙江巡抚、军机大臣、两江总督等职。

千载此楼,芳草晴川,曾见仙人骑鹤去;
卅年作客,黄沙远塞,又吟乡曲落梅中[①]。

落梅轩

【注释】

①黄沙远塞:指西北边远处的荒漠。作者 1867 年任陕甘总督、1875 年任钦差大臣督办新疆军务,长期戍守和开发边疆。

〔清〕 刘显赓 (生卒年不详)

身在九霄,看月印长江,千斛明珠涌出[①];
眼空万里,望云浮孤岳,半天玉尺平来[②]。

♣【注释】

①斛(hú 胡),旧量器,方形,口小,底大,原十斗为一斛,后改为五斗。 ②玉尺,玉做的尺,比喻才俊。

〔清〕 黄翼升 (?—1894)

杰阁试登临,想见跨鹤仙人,当年竟去;
雄才少匹敌,安得题诗崔颢,此地重来。

〔清〕 朱泽澜 (生卒年不详)

倒影压中流一万年,到底鲸鲵吞不去[①];
参霄撼全楚三百仞[②],隔江鹦鹉欲飞来。

♣【注释】

①鲸鲵(jīng ní 京泥):鲸。 ②参霄:高耸在天空中。三百仞(rèn):言其极高。仞,古时八尺或七尺叫做一仞。三百,概数,言多。

〔清〕 罗廷玉 (生卒年不详)

黄鹤喜重新,偶尔登临,也堪吟风弄月;
江山仍是旧,对兹感慨,何妨把酒凭栏。

〔清〕 **栗国良** (生卒年不详)

此为睡仙亭对联。

此间风景无殊，问仙客离宫，谁吹玉笛[1]？
何日海天飞渡，借汉江流水，重煮黄粱[2]。

♣【注释】

①离宫，帝王正式宫殿以外的宫室。这里指神仙的住处。

②黄粱：唐代沈既济《枕中记》载：少年卢生，家贫，思“建功树名，出将入相”。后在邯郸客店中遇道士吕翁，授以青瓷枕，即入梦中，娶崔氏女为妻，中进士，官至节度使，大破戎虏，为相十年，子孙满堂，寿八十余而终。梦醒，主人蒸黄粱还没有熟。后来以“黄粱梦”比喻虚幻的好事。

十六言对

〔清〕 **邓钟岳** (生卒年不详)

天下哪有神仙，要不过词客骚人添作料[1]；
今夕只谈风月，且莫对江光山色吊兴衰。

♣【注释】

①要，终究。要不过，终究不过是。

〔清〕 黄肇敏 (生卒年不详)

占尽好江山，休徒夸崔颢一诗，费祎一笛；
拓开新气象，更远胜晴川在北，岳阳在南。

〔清〕 梅汉卿 (生卒年不详)

世事皆茫茫，海阔天空，惟见白云长往复；
仙人已渺渺，迹留境幻，谁招黄鹤又归来。

〔清〕 李 渔 (见前注)

仙家自昔好楼居，吾料乘黄鹤去而必返；

诗客生前多羽化[①],焉知赋白云非即其人[②]。

♣【注释】

①羽化：古代传说仙人能飞升变化，把成仙叫做羽毛。　②焉知:哪里知道。

〔清〕陈相清 (生卒年不详)

回头兵燹喧嚣时,竟教古迹同白云散去[①];
放眼楼中眺望处,依旧江城送黄鹤归来。

♣【注释】

①燹(xiǎn 显),野火。兵燹,因战争造成的焚烧破坏等灾害。

〔清〕康炳麟 (生卒年不详)

把酒问青天,溯玉宇琼楼,毕竟何年宫阙;
举头望明月,叹梅花芳草,曾经几度沧桑。

〔清〕周锦澜 (生卒年不详)

春驻一楼中,不奏落梅,雅负此江城风景;
程追千仞外,欲招黄鹤,且让他天上神仙。

〔清〕穆克阿登 (生卒年不详)

此为三面亭楹联。

千秋庙貌重新,乘鹤归来,知是有些感应;

万古江天一色，推窗望去，见他几个兴怀。

〔清〕 汤世镛 (生卒年不详)

浩劫定三千，最难忘树绕晴川，草萋芳渚；
壮观吞八九，看不尽大江东去，爽气西来。

〔清〕 佚名

此为三面亭楹联。

城郭依然，看滚滚江流，淘不尽古今恨事；
仙人如在，听声声玉笛，吹得开多少尘怀。

〔清〕 官文 (见前注)

此为三面亭楹联。

曾为蜀汉侍郎，力可回天，继相君之事业；
不让壶公仙叟，方传缩地，纳芥子于须弥。

十七言对

〔清〕史贻直 (1682—1763)

一上高楼，缅当年江汉风流，多少千秋人物；
双持使节，喜此日荆衡形势，纵横万里金汤[①]。

【注释】

①使节：使者所持的符信。持：掌握，拥有。持使节，指出使。

〔清〕王庭桢 (生卒年不详)

一声玉笛吹残，黄鹤难招，堂构重新弥感旧[①]；
十载铜符来绾[②]，白云在望，江山如画忍题诗。

【注释】

①堂构指黄鹤楼楼身。　②铜符，即铜虎符。汉朝时调发军队所用的一种凭证，用铜铸成虎形，又称“铜虎”。绾(wǎn 晚)：控制。

〔清〕佚　名

入是门，由是路，翠柏苍松，莫问蓬莱在何处。
登斯楼，览斯景，青山绿水，别有天地非人间。

〔清〕叶仲庸 (生卒年不详)

奇势欲凌云,览帆影波光,三楚江山争入座;
仙居如昨日,寻笛声鹤梦,几人杖履话重游。

〔清〕孙青彦 (生卒年不详)

浪逐古今催,望江汉滔滔,楼影不随黄鹤去;
笛吹天地外,看利名攘攘,溜光巧化白云飞[①]。

【注释】

①攘攘:多、盛。溜光:流逝的时光。

〔清〕吴凤桂 (生卒年不详)

崔颢以武臣赋诗,不经李白平章,焉能独步?
费祎本仙人贯酒,定扫辛家劫火,再造层楼。

〔清〕濮文彬 (生卒年不详)

亭畔驻仙车。忆黄鹤来时,铁笛一声惊世梦;
矶头留圣迹。看白云深处,梅花数点引清风。

〔清〕全承恩 (生卒年不详)

此为文昌殿楹联。

星若珠然,凌翼轸以腾辉,好向高冠瞻气象①;
云为路尔,望阶梯而直上,须从大道悟根基。

♣【注释】

①翼轸(zhěn 枕):星宿的名称。凌:攀登,升高。凌翼轸,形容楼的高峻。

〔清〕佚 名

此为仙枣亭楹联。

宛然海上三山,藐矣安期,先我亭前探枣实;
犹是江城五月,仙乎太白,与君笛里听梅花。

〔清〕官 文 (见前注)

此为仙枣亭楹联。

嘉种是谁留,经浩劫几番,似曾啖枣味复至①;
仙踪何处觅?对高楼五夜,此间听笛韵弥清。

♣【注释】

①啖(dán 谈):吃。

十八言对

〔清〕 宋　荦 (1634—1713)

字牧仲,号漫堂。河南商丘人。清代官员。曾任江苏巡抚、吏部尚书等职。

何时黄鹤重来,且自把金樽,看洲渚千年芳草;
今日白云尚去,问谁吹玉笛,落江城五月梅花。

宋　荦

〔清〕 刘济川 (生卒年不详)

仙去何迟?问几时黄鹤飞回,重谱落梅吹玉笛;
我来已晚,幸千载白云依旧,醉邀明月倒金樽①。

♣【注释】

①樽(zūn 尊):古代的盛酒器具。

〔清〕舒子超 (生卒年不详)

字卓元。安徽合肥人。清代官员。

同榜贵人多,任他稳坐青牛①,也向尘中谈道德。
相交知己少,笑我重游黄鹤,枉抛家累学神仙。

【注释】

①青牛,传说老子坐过的牛,这里比喻为官位。

〔清〕唐莹 (1813—1884)

地当黄鹄矶头,看金碧凌空,凭堞莫忘乘障日;
家住青莲祠畔,感沧桑变幻,登楼同是望家人。

〔清〕彭玉麟 (见前注)

心远天地宽,把酒凭栏,听玉笛梅花,此时落否;
我辞江汉去,推窗寄慨,问仙人黄鹤,何日归来。

〔清〕丁柔克

(生卒年不详)

问黄鹤归乎?仙梦白云,
任江去千年,无分昼夜;
见梅花落否?清樽玉笛,
正我游万里,重看湖山。

〔清〕 刘廷禧 （生卒年不详）

招鹤迎仙来，暂辞瀛海三山①，且倒金樽邀皓魄；
飞楼横汉起，又是江城五月，好携玉笛弄梅花。

♣【注释】

①瀛（yíng 赢）海，仙人所居瀛洲四周海面。

〔清〕 袁尚寅 （见前注）

此为睡仙亭楹联。

黄鹤从何处归来，江汉双流，玉笛梅花吹不落；
仙人是那年睡起，春婆一梦，晨钟暮鼓唤难醒。

吕洞宾卧像

〔清〕 袁景竞 （生卒年不详）

此为三面亭楹联。

跨鹤想高踪，谁知玉笛吹残，更有仙人飞剑过；
探骊推杰句①，漫道青莲搁后，试看才子拍肩来。

♣【注释】

①探骊(lí 梨):探,用手抚摸,骊为红黑色的马。

十九言对

〔清〕车元春 (生卒年不详)

一笑大江横,看依然无恙烟波,要使臣心于水鉴[1];
十年尘劫过,有多少兴怀俯仰,非关仙子好楼居。

♣【注释】

①恙(yàng 样),病。鉴:镜子。

〔清〕佚　名

大江从三峡而来,有拔地楼台,俯视东南一都会;
载酒约诸公同醉,看兼天波浪,问淘今古几英雄。

〔清〕王　绅 (生卒年不详)

不识此楼曾几度新,人往问仙,鹤渺只传惊李句;
也知斯世同一梦幻,我来怀古,笛沉又怅落梅吟。

〔清〕刘维桢 (1822—1904)

襟江带湖,撑天拔地,喜者番古迹重新,独当半壁;[1]
望云招鹤,载酒题诗,愿从此斯楼无恙,永镇中流。

【注释】

①襟(jīn 金):衣襟。此句用夸张笔法,写黄鹤楼以江为襟以湖为带,极高大雄伟。

〔清〕王应昌 (生卒年不详)

风月古今同。问当年酒意诗情,可能借笛声吹出?
楼台高下映。喜此日江光山色,尽教从茶味寻来。

〔清〕张之洞 (见前注)

江汉美中兴,愿诸君努力匡时,莫但赏楼头风月①;
輶轩访文献,记早岁放怀游览,曾饱看春暮烟花②。

♣【注释】

①匡(kuāng 筐)时:挽救艰危的时局。 ②輶轩(yóu xuān 油宣):一种古代使者所乘的轻车。

〔清〕 佚　名

青莲应怪我来迟,不敢乱题诗,恐为隔江鹦鹉笑;
黄鹤已随仙去久,倘教重弄笛,定惊远岫凤凰飞。

〔清〕 佚　名

栏杆外滚滚波涛,任千古英雄,挽不住大江东去;
窗户间堂堂日月,尽四时凭眺,几曾见黄鹤西来。

〔清〕 曾月川 (生卒年不详)

请神仙把黄鹤催归,再看那苍狗白云,如何变化[1]?
待贱子将青莲唤起,莫负了晴川芳草,次第吟来[2]。

【注释】

①苍狗:指变幻莫测的事。　②贱子:"我"的谦称。次第:一个接一个。

〔清〕 朱丹山 (生卒年不详)

楼雄三楚,水汇百川,镇落落名区,依旧雕梁画栋[1];
大地兵销,遥天烽靖[2],谈悠悠往事,拓开酒胆诗肠。

【注释】

①落落:高大、卓异。　②烽,烽火,指战事。靖(jìng 敬),平定。

〔清〕 刘则傅　王开福 (生卒年均不详)

此为睡仙亭楹联。

坦腹养天机。想当年笛韵梅花,唤醒红尘多少梦;
仙踪留鄂渚。喜今日波恬江汉,重兴黄鹤几层楼。

〔清〕 沈用增 (生卒年不详)

此为搁笔亭楹联。

仙人又有楼居,不知十二年跨鹤行踪,来栖何地?
翰林虽将笔搁,仍冀三千界钓鳌巨手,到此题诗①。

♣【注释】

①三千界:佛语,指大千世界。

搁笔亭

二十言对

〔明〕 郭绍仪 (生卒年不详)

画槛倚丹霄。将古战今争,新愁旧恨,都付白云卷去;
高楼迎丽日。听江声笛韵,秧鼓菱歌,尽随黄鹤归来。

〔清〕 张世准 (见前注)

谁又将此楼一拳打破,再破再修,今而后长吹玉笛;
我曾在上头大胆留题,属题属咏,前几番已落梅花。

〔清〕 曾国藩 (1811—1872)

初名子城,字伯涵,号涤生,湖南湘乡人。清朝大臣、湘军首领。道光进士,曾任两江总督、直隶总督等职。

曾国藩

苍天不忍没斯楼,全仗那国手神工,再造千秋名胜;
黄鹤依然来此地,愿借得仙人玉笛,长吹一片承平。

〔清〕 陈本棠 (生卒年不详)

仙人曾否跨鹤重来,只玉笛吹回,添江汉几多风月?
过客大都登楼有感,把金樽倒尽,消古今无限情怀。

〔清〕 匡飞仪 (生卒年不详)

前溯千古,后数万年,镇全楚重湖,半壁不容鲸浪撼;
上列星辰,下临江汉,羡长天一色,此身高占鹤楼秋。

〔清〕 福　增 (生卒年不详)

数百仞楼观重开。羡今朝势压江城,仍被白云留住;
几千年仙踪再续。愧我辈题无彩笔,谁招黄鹤归来。

〔清〕 张竹坡 (生卒年不详)

鹤来鹤去忆仙踪,趁此日登临,风月留吟,江山如画。
楼废楼兴成幻境,问当年逸事,梅花不语,玉笛无声。

〔清〕 吉尔哈春 (生卒年不详)

清朝官员。曾任湖北黄州府知府。此为三面亭楹联。

苍天讵忍没斯楼,特假个国手神斤,再造千秋名胜①;
黄鹤依然来此地,好借那仙人玉笛,长吹一片承平②。

♣【注释】

①讵(jù 巨),岂,表示反问。讵忍:怎么能够忍受。假,借。国手:能工巧匠。神斤:神斧,指器械。 ②承平:太平。

〔清〕 官文 (见前注)

此为仙枣亭楹联。

听楼头铁笛吹残,喜跨鹤仙来,芳草晴川,依然昔日;
问枕畔黄粱熟未?羡如瓜枣大,金壶玉液,共证长生。

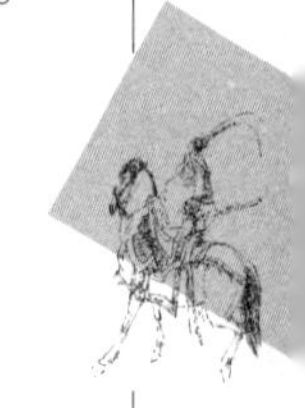

二十一言对

〔明〕 郭绍仪 (见前注)

此为吕祖阁楹联。

五年前叹楚江一炬,岂期鹤去楼空,觅金丹几锄荒草;
千载后愿仙枣长青,从此风和日丽,听玉笛重谱梅花。

〔清〕 刘祖庆 （生卒年不详）

一声玉笛是何人？只见那岳峙渊渟，江上神仙飞去了[1]；
五月梅花依旧句，每乘得茶香酒兴，天涯客子聚来多。

【注释】

①岳，山峰。峙：耸立。渊：深水潭。渟(tíng 停)，水聚积不动。

〔清〕 周延俊 （见前注）

君骑黄鹤去，俯玉宇琼楼，难抛却千古棋枰，万家灯火[1]；
我泛斗槎来[2]，携诗筒画稿，再收拾湖边风月，汉上烟花。

【注释】

①棋枰（píng 平）：棋盘。 ②泛，乘坐。斗槎（chá 查）：小船。

〔清〕 许朝琳 （生卒年不详）

傍水起楼台，幸滔滔江汉，久息狂澜，旧制梅花留韵在；
撑天存柱石，看熙熙士民，重探胜迹，昔时黄鹤应招回[1]。

【注释】

①熙熙（xīxī 西西），和乐。

〔清〕 **袁太华** （见前注）

此为文昌殿楹联。

司人间官禄柄，须要问官禄所由来，总不外当年阴骘；[1]
愿天下秀才心，各尽些秀才分内事，莫辜负此日栽培。

【注释】

①司：掌管。阴骘（zhì 志）：安排，定。

二十二言对

〔清〕 **包培元** （生卒年不详）

我向金陵而来，凭江城望去，但有白云，那见当年吹笛者；
谁将仙居复创，倘学士重临，欲题黄鹤，再能打碎斯楼乎？

〔清〕 **贾洪诏** （生卒年不详）

鹤去问仙踪。但看天远云归，江汉双清，眼界放开罗万象；
楼新仍旧迹。对此笛吹月朗，古今一致，梅花不落韵千秋。

〔清〕 鲍　超 (1828—1888)

此联为吕祖阁楹联。

仗节钺以谒仙灵，殄群丑，荡妖魔，看袖里青龙乘风化去[①]；

揽河山而追往迹，对金樽，吹玉笛，问楼头黄鹤何日归来？

♣【注释】

①钺(yuè 越)，古代一种兵器，像大斧，青铜或铁制成，多用于仪仗。后成为使臣的凭证。殄(tiǎn 舔)，灭绝。

二十三言对

〔清〕 李鸿章 (1823—1901)

字少荃，安徽合肥人。清末大臣。道光进士，曾任直隶总督兼北洋大臣等职。

数千里奔湍激浪，到此楼前。公暇一凭栏，江汉双流相映照[①]；

十余年人物英雄，恍如梦幻。我来重访鹤，沧桑三度记曾经。

♣【注释】

①湍(tuān 团阴平)：水势急。

〔清〕 施 山 (1868年前后在世)

白云黄鹤，四顾苍茫。有好诗传九百年前，楼阁重新谁更上？
词客神仙，一流人物。看东湖在三千里外，海潮不到我能来。

〔清〕 吴 獬 (生卒年不详)

有所愁便写，无可道便罢休，君若问神仙，试想想崔李本事；
一自下故深，百能容故博大，我来望江汉，长般般官胡替人①。

♣【注释】

①官胡，指清代官员官文、胡林翼。

二十八言对

〔清〕 罗荣光 (1834—1900)

览大江以长吟，喜今朝黄鹤楼前，水波不兴，城郭依然，休问仙人何处去；
看飞鸟而斜渡，仍此日白云槛外，山江悦性，乡关如返,再能我辈几时来。

〔清〕 李继文 (生卒年不详)

胜地多生访道缘,问高楼黄鹤飞来几时,极目大江头,幸与吕仙同不朽;
放怀又起怜才感,自吾蜀青莲为之搁笔,论诗六朝后,已容崔颢独留名。

〔清〕 丁中和 (生卒年不详)

此为睡仙亭楹联。

十三年江海栖迟,壮心未已,穷达如有命,但求玉笛数声,吹破黄粱大梦[1];
二千里庭闱远隔,客泪频挥,神仙若可接,只乞灵丹一点,长生白发老人[2]。

♣【注释】

①江海栖迟,指宦游生涯。穷:走途无路。达:显达。穷达:无论是困厄还是显达。 ②庭闱(wéi 韦),指父母家庭。

二十九言对

〔清〕 陈兆庆 (生卒年不详)

一枝笔挺起江汉间,到最上层放开肚皮,只吞得八百里洞庭,九百里云梦;

千年事幻在沧桑里，是真才人自有眼界，那管他去早了黄鹤，来迟了青莲。

三十言对

〔清〕张文彩 (生卒年不详)

水月涌江流，淘尽英雄人物。回头想去，万念皆空，讲什么肚纳洞庭，胸吞云梦；
天风回笛韵，吹开世界乾坤。掀髯听来，一尘不染，信能够手招黄鹤，膝促青莲。

〔清〕郑敦祜 (生卒年不详)

太白诗中龙，讵让崔生独步。看数百里洞庭江汉，如许奇观，教世人休轻疥壁①；
费仙云外鹤，偶来辛氏停骖②。叹千余年城郭沧桑，几经浩劫，到今日依旧巍楼。

♣【注释】

①疥(jiè 介)：疥疮。疥壁：壁上的瘢痕。 ②骖(cān 参)：驾车时位于两旁的马。

三十一言对

〔清〕**祝应焘** (生卒年不详)

楚尾吴头,朝宗江汉。万里奔涛巨浪,淘尽烽烟。睹此日栋宇翻新,依旧荆襄锁钥;
湘南蜀北,既道沱潜。千年芳草白云,仍留鹦鹉。俯众山晴岚环整,闲看沙鸟帆樯。

〔清〕**曹树铉** (生卒年不详)

楼建鹤应来,留将胜迹,依旧对芳草晴川,不负崔颢题诗,偏使旷世逸才齐搁笔;
宦游人已倦,撇却虚名,倏经过桑田沧海,宛如陶潜归里,恰逢落梅时节又凭栏[1]。

♣【注释】

①倏:很快。

三十二言对

〔清〕**佚　名**

栋宇逼层霄,忆几番仙人解珮、词客题襟,风日最

佳时，坐倒金樽，却喜青山排闼去①；
川原揽全省，看不尽鄂渚烟光、汉阳树色，楼台如画里，卧吹玉笛，还随明月过江来。

♣【注释】

①珮(pèi 佩)：装饰衣物的玉。题襟，指诗人之间互相题诗唱和。闼(tà 踏)：宫中小门，泛指门。排闼，推开门。

三十四言对

〔清〕黄炳焜（生卒年不详）

长江万里此登临。听楼头玉笛，依然吹出梅花，眼界掀波涛，赏不尽云外湖山，水边风月；
大地千秋多感慨。把座上金尊，谁是才同李子，胸怀吞浩瀚，浑难识烟中芳渚，霞里晴川。

〔清〕彭嵩毓（生卒年不详）

楼上仙人，曾阅过沧桑几度？看颓垣断甓，又化为绣柱雕梁。蓦地繁华，忍忘却经时寂莫①；
眼前风景，问何如崔李当年？对芳草晴川，浑不似烟花春月，浮天浲洞，幸教他指日澄清②。

♣【注释】

①甓（pì 僻），砖。蓦（mò 末），突然。　②浑（hún 魂），完全，简直。浮天，连天。洚(jiàng)洞：漫无边际。

三十五言对

〔清〕 **庆锡庚** （生卒年不详）

一柱镇中流。喜镜清砥平，咸歌雅颂；民康物阜，共上春台。试看三楚风光，较往昔还增旖旎[1]；
千秋邀皓月。借仙人玉笛，吹彻云霄；学士金樽，消将块垒。翘首大罗宫阙，问何年小住蓬莱。

♣【注释】

①砥(dǐ 底)：磨刀石。砥平：像磨刀石一样平。咸：都。阜：丰富。旖旎(yǐ nǐ 椅尼)：美好柔和。

三十七言对

〔清〕 **袁太华** （见前注）

大块焕文章。水绕山环，变化成万千景象。凭栏俯瞩：帆樯舟楫，多因利锁名缰，何不令白云封住[1]；

仙人留胜迹,楼高阁叠,妆点出锦绣乾坤。排闼遐观:南北东西,于此天空海阔,必须招黄鹤复来。

♣【注释】

①焕,鲜明,光亮,用于诗文意为有文采。

四十言对

〔清〕**许赓藻**（生卒年不详）

突兀诧奇观,西控岳阳,东凌滕阁,却想一层更上。仗几人奋武,历几载修文,始复睹绕栋虹垂,当窗风翥[①];

登临豁幽抱,左携蜀相,右挈唐贤,依然独立寡俦。览半壁屏藩,通半天呼吸,莫但夸传觞鹤舞,擪笛龙听[②]。

♣【注释】

①诧(chà 刹)惊奇。凌,超过。滕阁,滕王阁。翥(zhù 注),飞。　②豁(huò 祸):开朗。幽抱:幽远高雅的环境。豁幽抱,意为置身幽远高雅的环境感觉心胸开阔。俦(chóu 仇),同伴。擪(yè 夜),用指按,指吹笛。

四十二言对

〔清〕**何幼珊**（生卒年不详）

巨擘经营,岿然砥柱,挽不回江汉滔滔。喜平临三楚山川，浪静风和，抚槛动遐思，问鹤背仙人，几度沧桑变幻[①]；

建瓴控扼，矗此岑楼，辨分野星辰历历。更消遣千秋怀抱，天空海阔，遗碑堪堕泪，念鹰扬元老，都归云树沧茫[②]。

♣【注释】

①擘（bò 波去声），大拇指。巨擘，比喻杰出的人物。

②瓴（líng 玲）陶制水瓶。建瓴，用陶瓶往下倒水，比喻居高临下。岑（cén），小而高的山。引申为高而尖锐。岑楼，有尖顶的高楼。鹰扬：像鹰一样昂扬。

四十八言对

〔清〕**王镇藩**（生卒年不详）

此为太白堂楹联。

形势出重霄。看江汉交流，龟蛇拱秀。爽心豁目，好消受明月清风。更四顾无边，尽教北瞻岘首，东望雪堂，西控岳阳，南凌滕阁[①]；

沧桑经几劫。举名公宴集，词客登临。感古怀今，都付与白云夕照。溯千年以往，只数笛弄费祎，酒贳吕祖，诗题崔颢，笔搁青莲[②]。

【注释】

①岘(xiàn 县)首,山名。雪堂,苏东坡在黄州所建。②溯(sù 宿),向上。

五十三言对

〔清〕 周 绮 (生卒年不详)

此为太白堂楹联。

亘古大江东去,汉宫晋苑,都付浪淘。尽历代才士名流,品题就一楼风月。我生多感慨,且登高眺远,对景兴杯,沽酒泛金樽,任白云随时变幻[①];

当年烽火西惊,宋碣唐碑,倏成灰烬。赖几辈英雄

豪杰，撑持这半壁山河。人事暂消闲，更故迹重新，揽今追昔，倚栏吹玉笛，招黄鹤此日归来。

♣【注释】

①亘(gèn 根去声)古：终古，自古以来。苑(yuàn 怨)，古代养禽兽的园林，泛指园林。

文

〔唐〕 阎伯理[1] (生卒年不详)

黄鹤楼记

州城西南隅有黄鹤楼者[2],《图经》云:"费祎登仙,尝驾黄鹤返憩于此,遂以名楼。"事列神仙之传,迹存述异之志。观其耸构巍峨,高标茏嵸[3],上倚河汉[4]。下临江流,重檐翼舒,四闼霞敞[5],坐窥井邑[6],俯拍云烟,亦荆吴形胜之最也。何必濑乡九柱,东阳八咏,乃可赏观时物,会集灵仙者哉!

明代画黄鹤楼雪景

刺史兼侍御史、淮西租庸使、荆岳沔等州都团练使河南穆公名宁,下车而乱绳皆理[7],发号而庶政其凝[8];或逶迤退公[9],或登车送远,游必于是,宴必于是,极长川之浩浩,见众山之垒垒[10];王室载怀,思仲宣之能赋[11];仙踪可揖,嘉叔伟之芳尘[12]。乃喟然叹曰:黄鹤来时,歌城郭之并是;浮云一去,惜人世之俱非。

有命抽毫[13]，纪兹贞石。时皇唐永泰元年[14]，岁次大荒落[15]，月孟夏，日庚寅也。

【注释】

①阎伯理：唐人，生平不详。 ②州城：沔州城，州治汉阳县。 ③高标：最高峰。宠(lóng)嵸(zōng)：高耸的样子。 ④河汉：银河。 ⑤闼(tà)：小门。 ⑥井邑：乡镇。

⑦下车：到任。乱绳皆理：众多违法的事情都得到治理。 ⑧庶：众多。 ⑨逶迤：从容自得的样子。 ⑩垒垒：重重叠叠的样子。 ⑪仲宣：王粲(177—217)，字仲宣，山阳高平(今山东邹县)人，"建安七子"之一，曾著《登楼赋》以寄托思乡及怀才不遇之情。 ⑫叔伟：人名，生平不详。

⑬抽毫：提笔。 ⑭永泰：唐代宗李豫的年号。永泰元年为公元765年。 ⑮大荒落：太岁运行到地支"巳"的方位。

【译文】

沔州城西南角有一座黄鹤楼，《图经》说："费祎升天成仙以后，曾经驾黄鹤返回人间，在这里休息，于是就称这楼为黄鹤楼。"这事的来龙去脉记载在神仙传、异述志一类的书里。我看那黄鹤楼直入云天，高耸雄壮，上靠银河，下临长江，重重飞檐如鸟翼舒展，四扇门像云霞开敞。我坐在黄鹤楼上，窥视楼下的乡镇，俯身拍着飞扬的云烟，只觉得这是荆楚吴越最壮观的景象，何必要赖乡九柱、东阳八咏，才能够观赏眼前的景物，聚集天上的神仙呢？

刺史兼侍御史、淮西租庸使、荆、岳、沔等州的团练使河南穆公宁，到任以后，众多违法的事情都得到了治理，发号施令则纷繁的事务立即停止。他有时从容退朝，有时登车送人远行，一定在黄鹤楼游玩、设宴，极目浩浩长川，放眼重叠的群山峻岭；思念王室，想到王粲登楼而赋；羡慕仙人的踪迹，赞赏叔伟的芳尘。我喟然叹道：黄鹤来时，歌唱城郭俱全；浮云一去，惋惜人世皆非。

受命提笔，作“黄鹤楼记”刻于坚硕的石碑之上。时为大唐永泰元年，即大荒落年，四月，庚寅日。

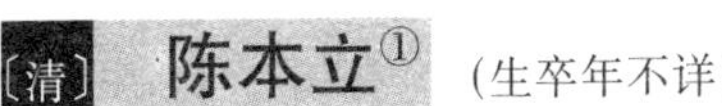

〔清〕陈本立[1] (生卒年不详)

黄鹤楼名胜记

黄鹄山名石城山，长竟里，高十寻有奇。东连高冠，绵亘郡城。先是圭土为城者[2]。置此山阛阓中[3]。首瞰大江，头陀寺显蔽之。又黄鹤楼适扼其吭[4]，登览者心目易厌，而兹山真面益以不传。为综其名胜，其自北盘道而登，有亭翼然于城上

清代钦定《四库全书》中黄鹤楼图

者，望江亭也，即古十盘亭。亭左为宝相塔，甃巨石为之[5]。下广上锐周以石楯，元威顺王太子墓也。更上即黄鹤楼，楼上高百尺，八窗洞达者三层[6]。嵌空玲珑，胜甲三楚。楼之东为亭者二，一搁笔亭，初名太白堂。重檐覆道，公私燕游之所[7]。右曲石壁稍峻，中为孔道不署名，人多指为石镜亭云。再上为斗姥阁，即古南楼也。黄山谷诗“鄂州南楼天下无”即此[8]。以上皆西向，白云楼右长廊屈曲，西爽石刻在焉。残碑断碣，附列者多难卒读。涌月两大字卧苔藓中，颇饶霸气。其左有仄径纡而下[9]，奇石佳树，夹道垂阴。历百武得平敞地[10]，黄冠自为静室，曰留云阁。石涧清泉，别开生面。其南道院丽山者，右曰四皇殿，费祎洞在焉。寻之不可得，压于殿址也。由四皇殿左寻道直上，丹磴连云[11]。跻其巅，盘曲相引，不敢俯视。历数折达

仙枣亭，亭凡三，其中独高者即山脊石辟加椽瓦焉，牖户栏楯，皆凿石为之，制极古，倚亭四顾，满目江山。东望漕园，亭台灭没，武当宫意其旧址。其棣观察署者为振衣亭[12]，为陈友谅墓，历历可指数。又东为郡学宫，庙廊芹藻[13]，巍焕馨香，兹山灵秀所钟如或见之。亭西楯以朱栏者，仙枣树也。古色不青，洵千百年物[14]。又西下为万寿亭，亭中列丰碑二，则蠲楚赋上谕也[15]。古十间亭在仙枣亭西，此正当其处。亭右即白云楼址。右诸亭俱南向。仙枣亭后为一览亭，亭久废，其址大可恣眺望。由此隆隆特起者，皆山脊也。其上为广永亭，为奇章亭，惜不传其迹。独夏口郢城遗迹犹有存者，至楚观楼则与高冠共之矣。山阴诸胜[16]，曰方朔读书台，曰磨崖方丈，曰静春台。民家皆笼而有之，好事者载酒寻之，每吝一见[17]。余幸一登临静春台焉。山椒压云亭至正间建[18]，旧传为头陀寺顶院。度其地当在仙桃迹左侧。仙桃迹巨石嶙峋，高若堵墙，下即黄鹄矶。大士阁踞其首，高出城闉[19]，洪涛荡胸，景益奇。兹山之胜如此，乃以逼近市尘，不获独显其奇。而仙客骚人，又皆怵心镂骨[20]，日与司勋供奉争长角技[21]，竞为黄鹤楼导扬盛美，而概置其他胜事。呜呼！岂其绛灌不可以伍韩彭[22]，亦兹山之幸，犹不幸也夫！

♣【注释】

①陈本立:生平不详。 ②圭(guī 规)土:丈量土地。 ③阛(huán 环)阓(huì 会):集市。阛,集市的墙。阓,集市的外门。 ④吭:咽喉。 ⑤甃(zhòu):砌。 ⑥洞达:通达。 ⑦燕游:宴饮游乐。 ⑧黄山谷:黄庭坚(1045—1105),字鲁直,号山谷道人,分宁(今江西修水)人。北宋诗人,江西诗派领袖。 ⑨仄径:小路。 ⑩百武:百步。武,半步。 ⑪丹磴:红色台阶。 ⑫棣(dì 弟):通,达。 ⑬芹藻:喻有才学的人。 ⑭洵:确实。 ⑮蠲(juān 捐):免除。 ⑯山阴:山的北面。 ⑰吝:吝啬。 ⑱至正:元朝武宗的年号,1341—1368年。 ⑲城闉(yīn 因):城门。 ⑳镂:雕刻。 ㉑司勋:晚唐诗人杜牧,他曾任司勋员外郎,人称杜司勋。供奉:盛唐诗人李白,他曾供奉翰林。 ㉒绛灌:西汉重臣绛侯周勃、将军灌夫。韩彭:西汉淮阴侯韩信、梁王彭越。

♣【译文】

黄鹄山名叫石城山,长足有一里,高则有十丈多。东面与高冠相连,绵延至郡城。起初,丈量土地修建城池的人,把这座山置于城市中。山的头俯视浩瀚的长江,而高耸的头陀

寺又遮蔽了它。刚巧黄鹤楼扼住了它的咽喉，登山观赏的人眼见这番景象，内心容易满足，以致这座山的真面目更加不为人知。为遍观黄鹄山的名胜，我从北盘道登山，城上有座像鸟张着双翅的亭子，是望江亭，也就是古代的十盘亭。望江亭的左边是宝相塔，用巨大的石块砌成的。那下宽上尖、用石栏杆围着的，是元威顺王太子的坟墓。再上去就是黄鹤楼，楼高百尺，有三层，每层的八扇窗户通达。黄鹤楼仿佛嵌在空中，玲珑巧妙，美胜三楚。它的东边有两座亭子，一是搁笔亭，当初叫太白堂，重檐阁道，是公私宴饮游玩的地方。另一座亭子右边弯曲，石壁略显峻峭，中间是孔道，亭子没有署名，人们大多说它是石镜亭。再往上是斗姥阁，即古南楼。黄庭坚的诗“鄂州南楼天下无”的“南楼”就是它。以上都往西，白云楼右长廊弯曲，西爽石刻在这里。残碑断石，上面的石刻多难完整地诵读。“涌月”两个大字躺在苔藓中，很有霸气。它的左边有小路弯曲而下，奇石佳树，夹道垂阴。走百步见一片平坦开阔地，黄冠自为静室，名留云阁。石涧清泉，别开生面。它的南道院靠山的，右边是四皇殿，费祎洞在这里。但找费祎洞又没找到，原来是压在四皇殿下了。从四皇殿左边找路直上，红色的台阶与云海相连。攀登上它的顶峰，云盘旋，路纡回，彼此牵引，令人不敢俯视。经过几道弯到达仙枣亭，仙枣亭有三部分，其中最高的是在山背石壁上架屋椽盖亭瓦，门窗栏杆，都是凿石而成，式样很有古风。靠在亭子上放眼四望，满目江山。东望漕园，亭台湮灭，大概是武当宫的旧址。那通观察署的是振衣亭、陈友谅墓，清晰可数。又东边是郡城学宫，国家的有用之才，焕发馨香，从这里也许可以看到这座山的灵秀聚集。亭西的红色栏杆，是仙枣树。古色不青，确实是千百年的宝物。西下是万寿亭，亭中竖着两块大碑，是皇帝免除楚人赋税的指令。古十间亭在仙枣亭的西面，正当这个位置。亭的右边是白云楼旧址。右边的各座亭子都朝南。仙枣亭后是一览亭，亭子废了很久，站在它的旧址上可以任意眺望。从这里看去，那隆起突出的都是山脊。山脊上是广永亭、奇章亭，可惜没有保存下来，唯有夏口、郢城的遗迹还保存着，到楚观楼就与高冠共享了。黄鹄山北的诸景，有东方朔读书台、磨崖方丈、静春台，都为百姓像装在笼子里一样牢牢据有，好事的人带着酒去寻找，百姓常常舍不得让人一见。我有幸登览过静春台。山椒压云亭是元朝至正年间修建的，旧传为头陀寺顶院，估计它在仙桃迹的左侧。仙桃迹巨石突兀，像堵墙那么高，下面是黄鹄矶。大士阁雄踞其首，高过城门，洪涛涌起，荡漾胸怀，景色更加奇妙。这座山的美景如此，但因为它靠近集市，不能独显它的奇妙；而那些仙客诗人又都惊心刻骨，天天和杜牧、李白竞争诗艺的短长，争先恐后地为黄鹄楼唱颂歌，而把黄鹄山上的其它美景晾在一边。唉！难道西汉的周勃、灌夫不能与韩信、彭越为伍？这是黄鹄山的幸运，还是它的不幸呢？

已出版：

武汉掌故

历代名人咏武汉

武汉革命胜迹

辛亥首义红楼

东湖

黄鹤楼

黄鹤楼藏古今名家书法选

黄鹤楼诗词联文选

归元禅寺

宝通禅寺

长春观

拟出版：

武汉导游

汉阳揽胜（琴台、晴川阁、龟山）

江夏揽胜（龙泉山）

蔡甸揽胜

湖北省博物馆

武汉科技游

武汉生态游

木兰山

木兰湖

道观河

《武汉旅游文化丛书》